欢迎来到神魔国

太陽
夫子
老君
如來
太陰
未来
現在
天道
天皇
人皇
太清
玉清
上清
文殊
普賢
千里眼
真武
玉皇
順風耳

山神
白衣
土地
關聖
馬王
天齊
牛王
二郎
溫帥
馬帥
地官
天官
水官
趙帥
劉帥
黑虎
宅神
倖伲
太山
子孫
天后
眼光
天妃
送子
灶王
十王
四王
八王
二王
五王
地藏
一王
七王
六王
三王
十王

知·趣

# 神魔國探奇

刘逸生 著

浙江古籍出版社

**图书在版编目(CIP)数据**

神魔国探奇 / 刘逸生著 . -- 杭州 : 浙江古籍出版社 , 2021.10
(知 · 趣丛书)
ISBN 978-7-5540-1908-5

Ⅰ . ①神… Ⅱ . ①刘… Ⅲ . ①古典小说—小说研究—中国 Ⅳ . ① I207.41

中国版本图书馆 CIP 数据核字(2020)第 260925 号

# 神魔国探奇

刘逸生　著

**出版发行**　浙江古籍出版社
(杭州市体育场路 347 号)
**网　　址**　https://zjgj.zjcbcm.com
**责任编辑**　伍姬颖
**责任校对**　安梦玥
**封面设计**　吴思璐
**责任印务**　楼浩凯
**照　　排**　杭州时代出版服务有限公司
**印　　刷**　浙江新华印刷技术有限公司
**开　　本**　787mm×1092mm　1/32
**印　　张**　9.5
**字　　数**　180 千字
**版　　次**　2021 年 10 月第 1 版
**印　　次**　2021 年 10 月第 1 次印刷
**书　　号**　978-7-5540-1908-5
**定　　价**　50.00 元

---

# “岭南赏析学”的开宗创派者

## ——刘逸生先生

周锡䪖

“日蘸江波万点金，市声遥隔绿榕阴。小楼畅饮忘清浊，一老雄谈阅古今。　　临绝谷，警深心。茫茫霄壤费追寻。乌枝月落慵归去，展尽风前浩荡襟。”（《鹧鸪天 · 逸老招饮》）这是笔者多年前的旧作，录之以留纪念。

刘逸生（日波，1917—2001）先生，著名诗人、学者、作家、评论家，原籍广东中山县。于20世纪五六十年代中，即以文章尔雅、独具创意、令人一新耳目的《唐诗小札》《宋词小札》名动南北，是当年我辈“羊城诸子”论文习艺时亦师亦友、“导夫先路”的领航人，也是别具姿致的岭南“赏析学”的开宗创派者，流风所被，影响远及海内外。近年我遇到香港一些中年朋友，还津津有味地提起当年不少大学文科生热情争购“小札”的情景。

其后，刘先生即与香港三联书店合作，组织编撰了共四十册一套，含译、注、析、评于一体的“中国历代诗人选集”，分别以繁、简字体先后推出，并且一版再版，对普及、推广中华文化起了积极作用。它的写作，大致以两“小札”

的格调为基础，糅合了各具体编撰者个人的才情风貌，同归而殊途，异虑而一致，形成了当代岭南文学的一脉新潮，也是对丰沛的中华诗学传统一种别开生面的“跃迁”。可以称之为“岭南赏析学”。

循此以进，有感于时下许多“文学评论”大都是篇幅甚巨的“高头讲章”，除了专业人员，一般文艺爱好者就算硬着头皮，也往往感到难以卒读，只好“望望然去之”，辜负了专家学者们的一番心意（也可说是“心血”，因为太费神了），造成“双输”局面——但那也不能全怪读者，因为现代社会人们大多工作繁忙，而嗜好亦较广泛，所以许多古典文学爱好者对那些论析文章，也别有要求：希望最好是文约义丰，理趣兼到，读之耗时不多，却可提神醒脑，而读后又能令人回味无穷之作。有鉴及此，刘先生于是因势利导，实行“供给侧改革”，把“赏析学”的范畴从诗词领域再加拓展，于20世纪八九十年代，另与香港中华书局合作，组织编撰、出版了一套专为赏鉴、品读中国古典小说而作的“小说轩”丛书（现在收入知·趣丛书的《神魔国探奇》与《闲话孽海花》，便是其中之两种）。其功能作用则正如刘先生所言：

古典小说的漫话，既非金圣叹式的评点，而又具有评点的趣味；绝非胡适之式的考证，而又带上考证的深度；不同于王国维式的评论，而又处处显出评论的力量。按人物之头颇而制帽，视事件之是非而予夺，有《春秋》之微言，无腐儒之胶柱，浅者自见其浅，而深者则见其深……平凡之中，偶有警语，闲扯之际，忽现闪光：此便是所谓“漫话”。（刘逸生《关于“小说轩”的几句闲话》）

综合上述“中国历代诗人选集”与“小说轩”两者的优长之处，“岭南赏析学”的特点大致可以概括如下：

宜古宜今，亦文亦史；多元并融，雅俗咸宜；释疑解惑，启牖新知；谈笑风生，如画如诗……

唐贤有句云：“芳林新叶催陈叶，流水前波让后波。”今天有志于此道的文坛俊彦，若能把这门“赏析学”的优点传承下去，并再加发展，造福文坛与读者，则善莫大焉！

2021.7.7，谨志于港岛天南海北之楼

# 目 录

# 玉皇大帝的来历

## 一、比玉皇大帝更高的“三清”

在神魔国中，玉皇大帝是当然的最高统治者。他高踞九重青霄之上，君临着所有神仙鬼怪，也君临着地上的苍生，连历代的帝王也只能匍匐在他的脚下，不敢稍有违抗——岔开一句，历史上只有两个帝王，敢于造上天的反。一个是殷商的帝王武乙，《史记·殷本纪》说：“帝武乙无道，为偶人

玉皇大帝

（制个木头人），谓之天神，与之博，令人为行（叫个人代天神作赌博的对手），天神不胜，乃僇辱之。为革囊，盛血，卬而射之，命曰射天。”后来这个狂而又妄的家伙终于被天雷打死，算是得到了报应。再有一个是战国时代的宋君偃，他自立为王，与齐、魏为敌国，“盛血以韦囊，悬而射之，命曰射天”。那结果也很惨，终于被齐、魏、楚的联军灭了他的国家，把他杀死了。不过，那时候还没有所谓玉皇大帝的名堂，殷武乙和宋君偃只是同他想象中的天上至尊之神搏斗罢了。

中国在殷周之时，虽然也朦胧地认为天上会有个什么主宰，但是还没有玉皇大帝这个名称。《史记·天官书》是最早把天上星宿编为“星官序列”的一本书。此书把天北极的星称为中宫天极星，“其一明者，太一常居也”。这个太一，便是天帝的别名。注引刘伯庄云:“太一，天神之最勇贵者也。”他是玉皇大帝的最早萌芽了。《天官书》有各种星官的名称，如上将、次将、贵相、司命、司禄，以及五诸侯、五帝坐、执法、郎位、少微、羽林天军等等，说明在战国到汉初之间，把人间的官称移用到天上星宿，已经形成一个序列，而最尊的则称为“太一”，即中宫大帝。但这个中宫大帝只是一个名字，没有形象，也没有神话遗传，不过是占星家为了便于把天象和人事牵合起来才设置的，和后代的玉皇大帝具有神的一切特征不同。

四川青羊宫三清殿

不知读者有没有注意到，《西游记》和《封神演义》虽然都是极著名的神魔小说，两书都出现在明代，但是，《西游记》里屡次出现玉皇大帝的形象，而《封神演义》却相反，没有提到这个最高的天神主宰。这真是一件奇怪的事儿，到底其中藏有什么奥妙呢?

原来道教的最高位置称为“三清”，《云笈七签》卷三《道教本始部》云:

四种民天上有三清境，三清之上即是大罗天，元始天尊居其中，施化敷教。

天宝君治在玉清境，即清微天也。灵宝君治在上清境，即禹余天也。神宝君治在太清境，即大赤天也。

玉清、上清、太清便是所谓“三清”。

同书又云：

三代天尊者，过去元始天尊，现在太上玉皇天尊，未来金阙玉晨天尊。然太上即是元始天尊弟子。

这些道士胡诌一气，连他们自己也弄不清楚什么叫“三清”。所以《封神演义》第七十七回出现了“老子一气化三清”的情节，说是老子为了战胜通天教主，把头上的鱼尾冠一推，顶上三道气出，现出三个道人来。这三个道人，一个叫上清，一个叫玉清，一个叫太清，但却是“一气所化”，构成假象，有形无实的东西，丝毫也不能伤害通天教主。

道士们弄不清什么东西是“三清”，倒是道学家朱熹把它说清楚了。在《朱子语类》卷一二五中，他的门徒记述他的话，说：

道家之学，出于老子。其所谓“三清”，盖仿释氏“三身”而为之尔。佛氏所谓“三身”：法身者，释迦之本性也；报身者，释迦之德业也；肉身者，释迦之真身，而实有之人也。今之宗其教者，遂分为三像而骈列之，则既失其旨矣。而道

东汉以后，三清便成为道教的崇拜对象

家之徒欲仿其所为，遂尊老子为三清：元始天尊、太上道君、太上老君，而昊天上帝反坐其下，悖戾僭逆，莫此为甚。且玉清元始天尊既非老子之法身，上清太上道君又非老子之报身，设有二像，又非与老子为一，而老子又自为上清太上老君，盖仿释氏之失而又失之者也。

道家说的“三清”，确实胡诌得莫名其妙，既然老子是道家的祖师爷，为什么又把他放在元始天尊、太上道君之下，改名太上老君呢？有一本叫《真灵位业图》的书，把元始天尊放在“上第一中位”，把太上道君放在“第二中位”，把太上老君放在“第四中位”（第三中位属于所谓太极金阙帝君，

白居易

来路不明）。反正，弄得一塌糊涂。

道家也不是完全不提玉皇或玉帝，但是上述的《真灵位业图》把玉清三元宫右位第十一给了玉皇道君，把玉清右位第十九给了高上玉帝，地位是相当低微的。那么，《封神演义》不去提他，看来就颇有道理了。

不过，除开道士们的鬼话，中国老百姓却有自己一套看法。他们把周秦时代朝廷钦定祭祀的昊天上帝做了符合自己心意的改造，另造出个玉皇大帝来。这个玉皇是什么时候出现的，难以稽考，至迟在唐诗人韦应物诗中，已有“存道亡身一诚过，奏之玉皇乃升天”的句子；白居易《梦仙》诗又有“须臾群仙来，相引朝玉京。安期羡门辈（都是仙人），列侍如公卿。仰谒玉皇帝，稽首前致诚”的记述。可知那时侯，玉皇大帝已经脱出“三清”的笼罩，独立自主成为天上众仙的首领了。

## 二、玉皇大帝是谁家的制品

《封神演义》不提玉皇大帝，干脆。但《西游记》写玉皇大帝却是颇有趣的。

他其实没有什么本事，既不能文，亦不能武，文章不曾写过一篇，小妖精也未擒拿一个。他却凭着地位，统辖着无数天兵天将，百洞神仙，什么四大天王，二十八宿，九曜星官，十二元辰，五方揭谛，四值功曹，东西星斗，南北二神，五岳四渎，四海龙王，阴曹地府，土地城隍，以及托塔天王，哪吒太子，罗睺计都，六丁六甲，连同道士尊为“三清”的太上老君，全都在他管辖之下，都是他的不叛之臣。

他也没有先知先觉的灵气，连一个具有特异功能的凡夫俗子也不如。花果山出了个石猴，目运神光，直冲斗府，他不知道是什么回事。孙猴子闹了阴曹地府，抢了东海龙王的定海神针，冥司秦广王和东海龙王敖广上表告发，他才问:“这妖是几年产育，何代出身？”颟顸得很。

他又是个毫无主见的人，遇事拿不出半点办法。当知道孙猴子闹了阴曹龙宫，只会问:“哪路神将下界收伏？”当听了太白金星提出招抚意见，便又改变主意。当弼马温一时怒发，反出天界，树起“齐天大圣”旗号，托塔天王出战不利，这大帝又派不出别的得力天将，又只好“依卿所奏”，照太白金星的主张，照封一个齐天大圣的官号，建起齐天大圣府邸，让猴子“在于天宫快乐”。

就是这样一个庸碌之徒，却统治天庭，安然做他的“玉皇大天尊玄穹高上帝”，难怪孙猴子公然宣称“皇帝轮流做，今年到我家”了。

读者想必也能意识到，这庸才同人间的皇帝何其相似。历代以来，那些一从呱呱坠地便注定要坐上龙床，统治亿万生灵的东宫太子，有几个是有本事的？当他的父王一旦撒手归西，不管他是白痴，是精神病患者，还是天生暴徒，照样给臣下捧上九龙交椅，南面称孤。几千年来，这些人物多的是。除了本文开头提到的殷武乙和宋君偃，肯定是精神病之外，还有纣王乃是天生暴徒，汉惠帝是个弱智病人，晋惠帝是个白痴，还有东晋安帝德宗，“自少及长，口不能言，虽寒暑之变，无以辨也。凡所动止，皆非所出”，比之“何不食肉糜”的惠帝，还差得远，完全是个废物。至于色情狂像金朝的完颜亮，残暴如石虎这类魔鬼，更不止一两个而已。

照此看来，吴承恩笔下的玉皇，在老百姓眼中看来，还算是“仁德之君”，应该竭诚拥护的。吴承恩本人也是如此地想，当齐天大圣大闹天宫，要夺取玉皇宝座时，如来佛祖即说了下面这段话：

你那厮乃是个猴子成精，焉敢欺心，要夺玉皇上帝尊位！他自幼修持，苦历过一千七百五十劫，每劫该

纣王杀人为乐，纵情酒色，终赴火而死于鹿台

十二万九千六百年。你算，他该多少年数，方能享受此无极大道？

这段话其实透出个古老道理，尽管玉帝无德无能，但上下尊卑却是早已定了的，任何人也无法抢夺。这是千古以来深入人心的命定论，谁也无可奈何。

那么，玉皇大帝是否真像佛祖所说，苦历一千七百五十劫才登上高位呢？按照宋代以后道家的说法，却又不完全如此。

有一本叫《圣纪》的道书说了下面这个故事：

从前有个国家叫光严妙乐，国王名唤净德，皇后名唤宝月光。因为没有儿子，日夕不安。一日，国王下诏，召集所有道士，在所有宫殿中悬挂幢幡，广设供养，大作道场，日夜祈祷，请求上天诸方神圣赐予太子。如此闹了半年之久，毫无应验。忽一夜，月亮大放光明，皇后梦中看见一位老者，坐着五色龙车，打起明霞伞盖，身后一群真仙簇拥，来到皇后身旁。只见那老者手抱一个婴儿，遍身毛孔放出神光，照得宫殿一片明亮；又见百宝幢节浮空而来。皇后欢喜万分，跪地迎接，叩头恳求，愿得此子，继承王位。那老者便双手把婴儿交给皇后。皇后叩问老者姓名，才知他是太上道君。忽然一觉醒来，便觉有孕。一年之后，诞下一儿。出世之时，身放宝光，充满国中，更是色相妙好，聪明无比，能广行善事，国库中财宝，尽皆施舍贫苦之人，鳏寡孤独，皆得抚养。于是百姓讴歌，天下仰从。其后国王驾崩，太子继位，因要寻求仙道，便把皇位让与大臣，自己出家，于普明秀岩山中，修道功成，历八百劫，又与州人行药治病，拯救众生，再历八百劫，广行方便，演说灵章，敷扬神功，然后又过八百劫，再经历一次亡身殒命，施舍血肉，忍辱济世，如是修行三千二百劫，然后证金仙之位，号为清净自然觉王如来。到了宋真宗大中祥符七年，真宗因天上神符下降，要为玉皇加上尊号；天禧元年，亲到太初殿，恭上“太上开天执符御历含真体道昊天王至尊玉皇大天帝”的名号，并撰联云：“符握昊天，磐覆载咸沾化育；帝临玉阙，统神人惠在钧陶。”

上面这段玉皇大帝出身传奇，明显可以看出是在宋真宗尊封玉皇之后，由一些只会装神弄鬼的道士捏造出来的。这些道士连说谎本事也低劣得很，只会从佛经里偷些残羹剩饭，什么“光严妙乐”“色相妙好”，什么“清净自然觉王如来”，都是原来佛教的货色。再说，宋真宗尊上玉皇称号是大中祥符七年（1014），不是天禧元年（1017），这些道士也弄错了。

玉皇大帝在这几百年间，就是通过人间皇帝的力量，成为主宰天上人间的特级权力之主的。不过，他毕竟高高在上，而又无所作为，因此老百姓对他总是敬而不亲，即使建了玉皇庙，去膜拜求福的也不多，反不如城隍、土地或关帝、北帝这些神灵，长年香火不绝。连吴承恩和许仲琳也瞧他不起，大抵也就是这个缘故了。

# 由怪爬虫变成的北帝

由天上的星宿化成大爬虫，又由大爬虫变成北方的神；由一个大爬虫变成两个大爬虫，爬虫又变成两员神将，而先前的大爬虫又成为后起的两个爬虫的领袖：这许多离奇古怪的变幻，集中在所谓“北方真武玄天上帝”的身上，是中国人历代制造神灵过程中最富幻想的代表作。

这个北方真武玄天上帝，民间简称“北帝”，在中国现代史掀开大规模废庙、毁庙运动之前，北帝的庙宇，林立于南北各地，到处香火，其数量之多，仅逊于无处不在的关帝庙；而历劫之后，至今佛山市的北帝庙——又称祖庙，不但岿然独存，而且辟为公园，游人不绝，不难从中想象此神在香火极盛时代那种了不起的气派。

但此神最初的来历及其形象是怎样的呢？说来话长，也不易逐一细说，只能勾划它的一个大概轮廓。

## 一、玄武最初是七个星座

原来中国远古时代，山海沼泽之中飞潜动植之物，其绝对种类比现在多得多。后来因种种缘故——包括气候变化、

四神兽

人为捕杀、生存竞争失败、自然消灭等等，种类才逐渐减少。古人所说的龙、凤凰、麒麟乃至鸩鸟、白泽之类，当时都是实有的，后来消失于地球之上，于是或以为是古人故神其说，或以为是“头脑的产物”，至今争论不休。

单说有四种动物，也是古人认为颇有神圣色彩而加以崇拜的。这四种动物，一叫苍龙，二叫白虎，三叫朱雀，四叫玄武。为什么说这四物是古人崇敬的呢？因为这四物在很久以前就被我们的祖先移到天上，变成守卫天地四方的保护神了。

不知从何时开始，我们的祖先就把天上的星宿按其出没方位，归类分等，构成一套“天文系列”。到了汉初，即公元前二世纪，这套“天文系列”已经基本完成和定型。它大致上是这样的：

围绕天北极的星宿，分为紫微、太微、天市三垣，即三个区域；从外面围绕这三垣的许多星，都在三垣南面，便分成二十八宿。二十八宿的位置，相当于太阳在天上经行的黄道带以及赤道带的两侧，彼此连接，绕天一圈。因为地球绕太阳运行和自转的缘故，这二十八宿不能在地球上同时看到，它们或出或没，或升或降。于是古人把二十八宿索性分成四段，每段又以一种动物作为标识，称为“四象”。四象便是苍龙、白虎、朱雀、玄武。苍龙属下有角、亢、氐、房、心、尾、箕七宿，玄武属下有斗、牛、女、虚、危、室、壁七宿，白虎属下有奎、娄、胃、昴、毕、觜、参七宿，朱雀属下有井、鬼、柳、星、张、翼、轸七宿。这四象各守四方：苍龙属东方，玄武属北方，白虎属西方，朱雀属南方。

## 二、何谓“玄武”？

龙、虎、雀三种都容易明白，“玄武”是什么东西，却是个纠缠不清的问题。

1.《楚辞·远游》：“召玄武而奔属。”明洪兴祖《补注》：“玄武谓龟蛇。位在北方，故曰玄；身有鳞甲，故曰武。”

2.《礼记·曲礼》：“行，前朱鸟而后玄武。”孔颖达疏：“玄武，龟也。”

3.张衡《思玄赋》：“玄武宿于壳中兮，腾蛇蜿而自纠。”

玄武画像砖

李善注："龟与蛇交曰玄武。"

4.《后汉书·王梁传》："玄武，水神之名。"李贤注："玄武，北方之神，龟蛇合体。"

共有四种说法：

1. 龟蛇：可以解释为龟、蛇二物，也可以解释为似龟形或有龟的特征的蛇。

2. 玄武就是龟。

3. 龟与蛇交尾，是玄武。

4. 龟与蛇合为一体，即龟蛇相缠的形状。

许多人都相信玄武是龟与蛇二物的结合，或云龟与蛇交尾，或云龟与蛇相缠。我却颇为怀疑。因为苍龙、白虎、朱雀都是一物，何以玄武偏生是二物？其理不通，此其一。龟与蛇交尾，何人见过？违反生物常识，此其二。即使古人讹传龟蛇可以交尾，这交尾形象不雅，岂可作为"四象"之一而升到天上去作为“示范”？此其三。所以我颇倾向于孔颖达之说，认为玄武就是龟。不过，龟有多种，哪些龟可以称为“玄武”，却又需要考究。《群谭采余》引朱熹的话说：“玄武即是乌龟之异名。龟，水族也，水属北，其色黑，故曰玄；龟有甲能捍御，故曰武。其实只即乌龟一物耳。北方七宿如龟形，其下有腾蛇星，蛇，水属也，借此以喻身中水火相交，遂绘为龟蛇蟠虬之状，世俗不知其故，乃以玄武为龟蛇二物。”朱熹这话，与孔颖达相同，但“水火相交”，乃是道教出现之后的说法，在先秦是没有的。

## 三、“蛇龟”的发现

玄武到底是哪种龟？笔者蓄疑已久。直到 1985 年，报纸上忽刊出一则短讯，并附照片，说湖南石门县发现一种龟类动物，名叫“蛇龟”，此物的头极似蛇头，而更奇怪的是，龟的背上隆起一条有蛇形的甲壳，蛇形在壳上盘绕一周，其头落在龟的右腰之间，而其尾却落在龟头左侧壳上，蛇形栩栩如生。见此照片之后，笔者猛然想起，这不就是传说中的“玄武”吗？古人说的“龟蛇合体”不正是这种东西吗？这种蛇龟，可能在古代也是罕见之物，故古人用它来配苍龙、白虎、朱雀，为“四象”之一。至于后来，此物更为罕见，遂生出龟与蛇二物的说法，那是一种误解，或是想当然而已。

蛇龟的发现，我以为足够解决“玄武之谜”的。

## 四、黑帝与刘邦

中国古代又有“五天帝”的说法。

《周礼·天官·大宰》有“祀五帝”的记载，唐贾公彦疏云：“五帝者，东方青帝灵威仰，南方赤帝赤熛怒，中央黄帝含枢纽，西方白帝白招拒，北方黑帝汁光纪。”此说出于古代纬书。这五帝似与古天文家的“四象”无关，而是另外一个系统。但“北帝”二字，却已露出端倪，说明在古人心目中，天地的东、南、西、北、中各有一位最高天神做主宰，他们又代表青、黄、赤、白、黑五色，而且各有自己的名字。

但值得注意的是《史记·封禅书》这段话：

刘邦

（汉高祖）二年，东击项籍而还入关，问："故秦时上帝祠何帝也？"对曰："四帝，有白、青、黄、赤帝之祠。"高祖曰："吾闻天有五帝，而有四，何也？"莫知其说。于是高祖曰："吾知之矣，乃待我而具五也。"乃立黑帝祠，命曰北畤。

按这记载，由四帝增至五帝，乃是汉初的事；最早自称黑帝的，是汉高祖刘邦；黑帝治北方，亦即北帝，可知第一个北帝也是此人。

五帝的祭祀，是属于官方的，与老百姓关系不大；而后来老百姓心目中的北帝，也不是这个刘邦。

## 五、五斗米道与水神

所谓"北方真武玄天上帝"的原型，其实是出自道家，具体来说，是出自后汉的五斗米道。《三国志·张鲁传》引《典略》说，汉灵帝时，张角为太平道，张修为五斗米道。太平道以符水治病，五斗米道又加设静室，使病者处其中思过；又有鬼吏，为病者祈祷。"请祷之法，书病人姓名，说服罪之意，作三通（封），其一上之天，著山上；其一埋之地；其一沉之水，谓之《三官手书》"。

这里值得注意的是，五斗米道只奉三个最高的神，即天、地与水。水神的地位，与天地同列。后来，“三官”一方面演化为道教的三元大帝，即上元一品九气天官紫微大帝，中元二品七气地官清虚大帝，下元三品五气水官洞阴大帝（见《三教搜神大全》卷一）。而另一方面，三官中的“水官”又演化为北方的水神，与玄武结合，又与黑帝结合，既有“玄武”之名，又是享有天帝地位的最高主宰之一。从此官方钦定的五帝之中，只有这位北方之帝最为煊赫，其余青、黄、赤、白帝，在民间的心目中便逐步暗淡甚至消失了。

## 六、道士们胡编的北帝来历

道教兴起又分成几派以后，对玄武之神也就出现许多种说法。《道藏·洞神部·下诀类》有所谓《真武本传神咒妙经》，说元始上帝见下界纣王淫心失道，遂命金阙玉皇大天帝制诏，降于北极省施行阳助，于是太玄大将皂纛玄旗，被发跣足，躬披铠甲，协助武王伐纣，平治社稷，功成而摄踏龟蛇回天。昊上玉尊遂册封他为玄武，加号太上紫皇天一真人玄天上帝，遂为福神。

这种说法，从何时开始，弄不清楚，但它没有渗入佛教的内容，可能出现的时间较早。到了道教要乞灵佛教来充实本教的内容时，这个玄武之神便又同佛教发生关系。《道藏·洞神部·记传类·玄天上帝启圣录》有关此神的记载，和上述便完全不同。它说“玄帝乃先天始气，太极别体。黄帝时，下降托胎净乐国善胜皇后，孕秀一十四月，岁建甲辰三月初三日午时，玄帝产母左胁，长而勇猛，不统王位，唯务修行”，然后入山修炼云云。这里所谓“善胜皇后”“净乐国”，显然都带上佛教色彩；“不统王位，唯务修行”，同释迦牟尼生平又何其相似。这些正是另一派不学无术的道士胡编出来的鬼话。

明人余象斗的《北方真武祖师玄天上帝出身全传》也是根据后一种说法。此书开头说，在隋炀帝时，玉皇在兜率宫中设宴，忽见一金花树放光，问知是下界刘天君家中的宝树，玉帝贪爱此树，便指一魂化身，投胎于刘天君家，做他儿子。原来宝树乃是多宝如来、宝胜如来等七位如来寄身之处，故有紫气毫光。这七位如来见刘天君之子日夕供养宝树，便上天问三清天尊，三清天尊说出原委，并指定一个如来，将刘天君之子点化出家。这样一段开头，便已是佛道混杂，以后更是一派胡说。笔者认为，凡是佛道混杂的东西，乃是最低能的瞎编，也是最没有价值的。余象斗的《北帝传》正好陷入这个泥潭，因而此书越编越离奇，也越来越不堪一读，可以不需在此浪费笔墨谈它了。

倒是宋代编辑的《方舆胜览》卷卅三有一条值得注意:“武当山:《荆州记》云：在县南二百里，一名仙室，一名太和。《图经》引道书载，真武（于）开皇三年（583）三月三日

释迦降生图

生，生而神灵，誓除妖孽，救护群品，舍俗入道，居武当山四十三年功成飞升，遂镇北方。”所谓“真武”，亦即玄武，宋代避讳“玄”字，将玄武改为真武。此书说武当山的北帝，生于隋文帝初年，原是个道士，修炼功成，遂镇北方。叙述很简单，但可信程度高些。不过，由一个普通道士变成北帝，其中有何奥妙，还不清楚。从宋代开始，道教在武当山已建立了一个中心，宣传它为名山仙境，来此求仙修行者络绎不绝。那么，首先在此修道的人，后来被道士吹嘘为“镇守北方”的天帝，遂与玄武合而为一，这却是近于情理的。

武当山的北帝，在元代已经颇为煊赫。元成宗大德七年

（1303），朝廷加封为元圣仁威玄天上帝。道士在武当山上大兴土木，建了许多宫观。现在山上还有几块元代的碑刻，还有些残存的元代建筑。

## 七、明成祖与北帝的人神交往

北帝声威最盛是从明代开始的。

原来朱元璋死后，传位于太孙朱允炆，是为建文帝。建文帝害怕分封各地的藩王——许多是他的叔辈——据地自强，不利于中央集权，便接受大臣建议，削减藩王权力。此时坐镇北京的朱棣见情势不妙，便起兵南下，要夺取侄儿的帝位。又怕战而不胜，于是乞求神灵帮助。北京原有北帝庙

道教圣地武当山

明成祖朱棣

北方真武玄天上帝

宇，朱棣又是从北攻南，因此便乞灵于北方真武玄天上帝。据李卓吾《续藏书·姚广孝传》载，成祖初起燕，问出师期于姚广孝。广孝曰："未也，俟吾师至。"及期，朱棣出祭纛，见披发而旌旗蔽天，问何神。广孝曰："吾师，北方之将玄武也。"朱棣则披发仗剑以应之。其后出兵，每到两军大战，常见一神，黑旗披发，隐隐扶助。朱棣登位后，迁都北京，于是"普天之下，率土之滨，莫不建庙而祀北帝"。北帝庙遍布国内，便是在此时开始的。历经二百多年，北帝庙的香火一直兴旺不衰，这同明成祖朱棣的加意崇奉，视为辅国之神是有很大关系的。到了清代，因为满洲开国时已崇奉关羽，建立全国政权以后，祀典更隆，北帝的声威遂被关帝所凌驾；但在民间，北帝的地位却未见动摇，依旧供奉唯谨。

## 八、龟蛇二将

现在可以转笔谈谈龟蛇二将了。

上面说过，龟蛇是北方七宿的形象，又名玄武。后来玄武变为神灵，这神灵在一段时间内，与龟蛇本是一体，亦即龟蛇是玄武的化身。翟灏《通俗编》记此事云：

《酉阳杂俎》：太和中，朱道士者游庐山，见涧石间蟠蛇如堆锦，俄变巨龟。访之山叟，云是真武现。（笔者按，朱道士看到的，可能便是“蛇龟”，初见似蛇，细视却是龟。）《灵应录》：沈仲霄子于竹林见蛇缠一龟，将锄击杀之。其家数十口，旬日内相次而殒。有识者曰：玄武神也。《云麓漫钞》：玄武本北方之神，祥符间，避讳改真武，后兴醴泉观，得龟蛇，道士以为真武现，自后奉事益谨。其绘像披发、黑衣、仗剑、踏龟蛇，从者执黑旗焉。按诸说，则龟蛇即真武化现，不特为从将也。

《通俗编》引了由唐至宋的三则材料，证明龟蛇是玄武的化身，这是可信的。不过，玄武既是北方大神，却又有龟蛇的形象，毕竟不雅，而且和大神身份不相称。于是道士们又制作胡言，说这龟蛇乃是北帝收伏的两个部将。《历代神仙通鉴》就是这样编的。此书说，纣王时，有六个魔王扰乱天下，元始天尊派太玄元帅收魔荡秽，玄帝与六魔战于洞阴之野，四魔大败而逃，余下二魔，一化为龟，一化为蛇。玄帝施大威力，摄二魔于足下，不能变动。从此龟蛇二将成为玄帝的部将云。这也是道士们曾施于太上老君身上的“一气化三清”手段的又一运用，一个玄武，本是爬虫，却化出一神和二将，从此崇奉者、设教者皆大欢喜，心安理得了。这便是神道的妙用。

# 福禄寿三星遍人间

福禄寿三星在民间可谓无人不知，亦可谓无处不在。不论画幅里，花瓶中，屏风上，客厅间，屋角头，都常见这三位尊神的形象。他们代表幸福、官禄与长寿，三者一向都是人们追求的对象，而这三位却是三者的化身，那就无怪他们如此受人欢迎了。

如今谁都知道，福、禄、寿在天为三星，在神为三神，在人间化为三个人像；也有把蝙蝠作为福的化身，梅花鹿作为禄的代表，寿星则手持寿桃。不过这都是后来才兴起的。若在先秦时代，福禄寿三者却还没有划分那么清楚。例如《尚书·洪范》便说："五福，一曰寿，二曰富，三曰康宁，四曰攸好德，五曰考终命。"把长寿、富庶、安宁、好德和善终都列入"福"字之内。现在有些人家在门口贴上"五福临门"字样，追溯起来，就是这五种，包括许多好的内容。

古代福和禄也没有分得很清楚。《说文》是汉代的字典，此书说："禄，福也。"另一本词典《尔雅》也是这样说。清人郝懿行解释道："福禄二字，若散文则禄即是福……若对文则禄、福义别……'爵命为福，赏赐为禄'。禄福声近，其字亦通。"以后，禄又指俸禄，或指禄位，包括做官的薪

寿星

俸收入以及赏赐，也包括官位。王充《论衡》又说："人有命有禄，命者，富贵贫贱也；禄者，盛衰兴废也。"这是占卜先生讲"禄命"的来由。

虽说福、禄、寿是三星，但认真来说，只是道士或术士们所谓的"星官"之意。至于天上的星宿，是否真有这三颗星呢？

## 一、寿星真是天上的星

我们先来谈寿星吧。

中国古代祭日、祭月，也祭星辰。远古的且不说，就从秦始皇时代说起吧。秦始皇统一天下以后，就很注重祭祀星辰。《史记·封禅书》写道：

> 雍(雍州)有日、月、参、辰、南北斗、荧惑、太白、岁星、填星、辰星、二十八宿……之属,百有余庙……于杜、亳有三社主之祠(《汉书·郊祀志》作“五杜主”)、寿星祠。

参是参宿,辰是心宿,荧惑是火星,太白即金星,岁星即木星,填星即土星,辰星亦即水星(与上述的“辰”不同),除了这些著名恒星和五大行星立庙之外,另在杜、亳二地再建寿星祠,这是寿星入祀的开始。

寿星是神、是人还是一颗星呢?且看古人的解释:

> 寿星,盖南极老人星也。见则天下理安,故祠之以祈福寿。(《史记·索隐》)
>
> 角、亢在辰为寿星,三月之时,万物始生建,于春气布养,各尽其性,不罹灾夭,故寿。(《史记·正义》)

虽然都解释寿星,但细看就不同。一个说,寿星是南极老人星;一个说,二十八宿中的角、亢二宿在辰的方位就叫寿星。不过二者又各有根据。主张南极老人星的是根据《月令》,主张角、亢二宿的是根据《尔雅》。可知自古就有两说。

懂点天文学的读者都知道,二十八宿的东方七宿,次序是角、亢、氐、房、心、尾、箕,是苍龙之形。其中角宿二星是龙角,亢宿四星便是龙头。这是中国古代所谓“四象”

中的青龙之象。西洋天文学却把角、亢二宿划入室女座中，其中角宿一是一等亮星，很著名。每年阳历五月初下午六时便在东方低空出现，七时以后便看得很清楚了。此后每晚都提早一点时间上升，整个夏秋之间，都在南方天空出现，直至“大火西流”——即心宿二向西斜下为止。

南极老人星又是另外一回事了。西洋天文学家把它划入船底座，它是一等以上的亮星，但因它位置在南纬五十度以南，在中国黄河以北是很难看到它的。即使是在长江流域，它也只是在春天三月间下午七时左右在南方地平线上出现，逐渐东升，然后向西慢慢隐没在地平以下。若在珠江流域的两广地面，它却容易看到。越到南方，它升得越高。若是在南沙群岛，它就升到半天之上，显得十分辉煌灿烂了。

## 二、康熙皇帝为何到南京

清代康熙皇帝是个很爱研究天文的人。他有一回御驾到了南京，为了看清楚这颗南极老人星，特意把两位西洋天主教徒找来，问他们老人星什么时候能够看到。据黄伯禄编的《正教奉褒》记载：

康熙二十八年（1689）二月二十五日，圣驾幸江宁，进通济门，毕嘉、洪若迎至上方桥遇驾……二十七日早，上差御前一等侍卫赵，赍捧黄袱，内包白金到堂，先叩拜天主，次传毕嘉、洪若出厅，随宣上谕……卓午，毕嘉、洪若赴行宫谢恩……回堂未几，赵侍卫又奉旨来堂，问“南极老人星，江宁可能见否，出广东地平几度，江宁几度”等语，毕嘉、洪若一一讲述。赵侍卫即飞马覆旨。毕嘉、洪若因匆遽回答，恐难详悉，至晚戌初时（下午七时至八时间）细观天象，详验老人星出入地平度数，缮具黄册。二十八日早，趋诣行宫，进呈御览。

毕嘉和洪若是到中国来的天主教徒，通晓天文。康熙皇帝因为在北京看不到老人星，到南京时，特谕他们二人查报，以便观看。此举当时认为是盛事，所以宣扬天主教的《正教奉褒》特别详细记载。由此可见，南极老人星才是名正言顺的老人星，它的地位不是角、亢二宿能够代替的。

自然，寿星到底是天上哪一颗星，老百姓多数是不大理会的，他们感兴趣的倒是寿星这老头儿。《西游记》有一篇韵文描写了他的样子，可说是民间对寿星的理想形象：

霄汉中间现老人，手捧灵芝飞蔼绣。葫芦藏蓄万年丹，宝箓名书纪千寿……曾赴蟠桃醉几遭，醒时明月还依旧。长头大耳短身躯，南极之方称老寿。

这个被崇拜为神仙的寿星，长脑袋，短身躯，白胡子，手持龙头拐杖，或捧仙桃，身边常有蝙蝠或鹿围绕——构成福、禄、寿一套吉祥之物，是很讨人喜欢的。假如到西洋去找个类似的老头儿，那么，圣诞老人也许可以同他媲美。

元明之际，有一本杂剧叫《南极登仙》的，写唐代名医孙思邈一生济世，最后得南极仙翁引导他成仙的事。那南极老人自称“生于太极之先，长于鸿蒙之始，居学府瑶池之内，处蓬莱阆苑之中，掌领三界延龄之籍，主管十方升度之仙”。又是个管理寿命，办理升仙事务的官儿了。

## 三、福神到底是什么人

如今再说福神。

民间说的福神有好几位。

《封神榜》第九十九回，姜子牙封的第一位正神，乃是三界首领八部三百六十五位清福正神柏鉴。据说他是轩辕皇帝的大帅，死于征伐蚩尤之役，因他“捐躯报国，忠荩可嘉”，封为清福神，这是一位。也有人认为土地神是福德正神，他原来叫社神，来源甚早，不知何时，民间却赐以这个名称。这是又一位。民间也有将天官写为福神的，所谓“天官赐福”，旧时在人家大厅上手可以看到这种牌位。据《三教搜神大全》，三元大帝中的上元帝，又称上元一品天官赐福紫微帝君。广

福星

州有座很著名的三元宫，至今香火不绝，其中第一正神便是上元天官。因他能赐福人间，难怪虔诚礼拜的人竟是如此之多了。

道家又有洞天福地之说，《琅嬛记》云：

张华游于洞宫，别是天地，宫室嵯峨，每室各有奇书。华问地名，对曰：琅嬛福地也。

有福地自然也有福神，不过此书却没有说清楚他是何等样人，实在可惜。

此外还有一位福神，却是颇有来历的。

《三教搜神大全》有这样一段记载：

福神者，本道州刺史杨公讳成。昔汉武帝爱道州矮民，以为宫奴玩戏，其道州民生男，选拣侏儒好者，每岁不下贡数百人，使公孙父母与子生别。省刺史杨公守郡，以表奏闻天子云：臣按《五典》，本土只有矮民，无矮奴也。武帝感悟，省之，自后更不复取。其郡人立祠绘像供养，以为本州福神也。后天下士庶黎民，皆绘像敬之，以为福禄神也。

原来这个福神（后来还加上是禄神）是姓杨名成的人，曾做过道州刺史的，据说还是汉武帝时代的人哩。

但我们若仔细一查，便会发现这个神话的破绽。

历史上有个阳城，是中唐时代的人，曾做过道州（即今湖南南部的道县）的刺史。《新唐书·阳城传》说：

州产侏儒，岁贡诸朝，城哀其生离，无所进。帝使求之，城奏曰："州民尽短，若以贡，不知何者可供。"自是罢。州人感之，以"阳"名子。

白居易有《道州民》诗，也是写阳城这件事的，写得比《新唐书》还生动。诗云：

道州民，多侏儒，长者不过三尺余。市作矮奴年进送，号为道州任土贡。任土贡，宁若斯？不闻使人生别离，老翁哭孙母哭儿。一自阳城来守郡，不进矮奴频诏问。城云臣按六典书，任土贡有不贡无；道州水土所生者，只有矮民无矮奴。吾君感悟玺书下，岁贡矮奴宜悉罢。道州民，老者幼者何欣欣。父兄子弟始相保，从此得作良人身……

原来《三教搜神大全》的“杨成”，其实是阳城；也不是汉武帝时人，而是中唐时代人。这个错误真不算小。也可见装神弄鬼之徒，是并没有多少学问的。不过，把阳城加封为福神，倒还算是合理的，因为他确会使道州老百姓受福。

如今知道福神是阳城的人，恐怕极少了。倒是应该表彰一下的。

虽然民间有“一路福星”之说，不过是一种祝愿之词。事实上，中西天文学都没有记载这样的一颗星。这是它和寿星最大不同的一点。

## 四、禄神不那么行时了

再说禄神，他也是民间的一种理想人物。历代的钦定神祠，没有见过供奉这样的一位神灵。不过民间认为，既然有寿星，也有福神，那么禄神也应该有的，于是就塑造一位身穿绿袍，满面喜气，而又有神鹿追随着的人物。

禄，如前所述，除了“禄，福也”之外，又是俸禄的意思。

禄星

只有当官的收入才叫俸禄，所以“官禄”二字是不可分的。从前老百姓“望子成龙”，多数希望儿子读书中举，出任大官，他们礼拜禄神，自有原因。不过到了近代，资本主义勃兴，工商经营的收入，常远过于官禄的收入，于是禄神也就不那么行时了。这也是时代不同，连神明也有三衰六旺的。

经历过两次世界大战，看到至今还没有停止的大大小小局部战争，笔者忽然对福禄寿产生了全新的看法。

我觉得，时至今日，没有战争便是人类最大的福。

人人能够吃饱，便是最大的禄。

而医学、药学随着科学的进步而有长足进展，比之寿星临凡有更大的价值。

不知读者以为然否？

# 钱神、玄坛和五路财神

晋人鲁褒写过一篇《钱神论》，可谓嘻笑怒骂，皆成文章。其中精采的片段，不妨在此引录几句：

钱之为体，有乾有坤。其积如山，其流如川。为世神宝，亲爱如兄，字曰孔方。

见我家兄，莫不惊视。钱之所佑，吉无不利。何必读书，然后富贵。

由是论之，可谓神物，无位而尊，无势而热。钱之所在，

财神

危可使安，死可使活；钱之所去，贵可使贱，生可使杀。

有钱可使鬼，而况于人手！死生无命，富贵在钱。

鲁褒把钱尊为神物，可以支配人的生死，连天也奈何不得。在中国历史上，他算是第一个道破天机，指点迷途，是值得大书一笔的。

## 一、赵公明怎么变成财神？

但是后来，钱神却改称为财神了。这个财神的称谓，不知最早起于何时，他有名有姓，有形有象，受到民间香火的供养，大概至少有千年历史了。

这个财神爷据说姓赵，名公明。此神是个黑凛凛大汉，满腮胡子，身披金甲，手执铁鞭，跨着一头斑斓猛虎，形容威猛。看上去不似是管钱的，倒像是抢钱的。

《封神榜》上此神大大有名。他原是峨嵋山罗浮洞仙，应闻太师邀请，下山灭周，初时连场得胜，威风十足。后被姜子牙用“钉头七箭书”蛊术弄死。此人与钱财并无关系。

赵公明的名字，最早出现于晋代干宝的《搜神记》，原不是什么财神，而是瘟神。此书说：“初有妖书云：上帝以三将军赵公明、钟士季各督数鬼下取人。”也就是奉上帝之命下凡间散布瘟疫的，为什么又成为招财进宝的神呢？

张天师

有一本《三教搜神大全》，乃是宋人编撰，元人增修，明人刊刻。此书说的赵公明来历，却与《封神榜》《搜神记》大有不同。

此书说，赵公明是终南山人，秦始皇时，因世乱避居山中，精修至道。功成以后，奉玉帝旨意，为神霄副元帅。他所居的位，乃是金水合气之象。他头戴铁冠，手执铁鞭，是金生水之气；黑面长须，是北方水象；跨下猛虎，又是金象。因此此神乃是水中金的代表。

此书又说，汉代天师张道陵，修炼神丹时，奏请玉帝派神吏看守丹炉，禁制妖魔。上帝便加封赵公明为正一玄坛元帅，为张天师做守卫。其后张天师飞升上天，赵公明便永镇龙虎山。他手下有猛将八员，应着八卦方位；有六毒大神，应着天煞、地煞、年煞、月煞、日煞、时煞；又有五方雷神、电神、猖兵，应着五行之位；又有二十八将，应着上天二十八宿；又有天和、地合二将，应着天门、地户；又有水火二营将，以应春生秋杀。由此看来，此神权力甚大，并不是只管财政或看守金库的。

不过此书又说，玄坛元帅有广大法力，既能驱雷役电，唤雨呼风，除瘟剪疟，治病禳灾，又能代人间伸雪冤屈之事；除此之外，世人的买卖求财，他也有权去管，只要世间的商贾人等向他虔心祈请，他能使人交易畅顺，生意得手，招财进宝。大抵由于他有这个本领，又代表了水中金，所以自宋代开始，他就成为生意人虔心信奉的财神爷了。

财神爷的履历如此，本事又如此，凡是供奉赵玄坛元帅的商户人家，是不可不知道的。

## 二、五路财神的来历

除了玄坛元帅赵公明，民间还有另一财神，叫作“五路财神”。在江、浙一带，每年的正月初五日就是这个财神的诞日，一大清早，商店里就烧香燃烛，备具牲礼，虔诚地迎接财神。商号也多在此日开市，大放爆仗，以祝一年生意吉利。

清人顾禄《清嘉录》写江、浙风俗，也记载了此事：

（正月）五日，为路头神诞辰。金锣爆竹，牲醴毕陈，以争先为利市。必早起迎之，谓之接路头。

路头神又叫“五路财神”。据顾禄的考证，明代初年，在江苏的民间祀神之中，有所谓“五显灵顺庙”。五显就是显聪、显明、显正、显直、显德，又称为“五圣”。旧时苏州的上方山就有一座五圣庙，一向香火甚盛。到了清代康熙年间，有个叫汤斌的人，到江苏任巡抚，说这五圣庙是属于“淫祠”之列，下命禁止祭祀，连神庙也拆掉了。

汤斌的《奏毁淫祠疏》是这样罗列罪状的：

苏松淫祠，有五通、五显、五方圣贤诸名号，皆荒诞不经。而民间家祀户祝，饮食必祭。妖邪巫觋创作怪诞之说，愚夫愚妇为其所惑，牢不可破。苏州府城西十里，有楞伽山，俗名上方山，为五通所踞几数百年。远近之人，奔走如鹜，牲牢酒醴之飨，歌舞笙簧之声，昼夜喧闹，男女杂沓，经年无时间歇。岁费金钱，何止数十百万？商贾市肆之人，谓称贷于神可以致富，借直还债，神报必丰。谚谓其山曰玉山，其下石湖曰酒海。荡民志，耗民财，此为最甚。更可恨者，凡年少妇女有殊色者，偶有寒热之症，必曰五通将娶为妇，而其妇女亦仿佛梦与神遇，往往羸瘵而死。家人不以为哀，反艳称之。每岁常至数十家，视河伯娶妇而更甚矣。

不过，汤斌禁得了庙，禁不了心。老百姓私下还是照样崇奉，为了避免官府干涉，又把“五圣”改成“路头”，称

五路财神图

之为财神。既是财神，官府也不好明令禁止了，只好由他。这是老百姓和官府玩的一场把戏，而“五路财神”即由此而来。

中国北方也有类似五路财神的。

《北平风俗类征》引《春明丛说》云：

彰仪门外有神祠三楹，俗呼“五齐庙”。塑五神列坐，皆擐甲持兵，即南方之五通神也。好事者高其闬闳，廓其廊宇，以纸作金银锭，大小数百枚，堆垒几上，求富者斋戒沐浴，备牲醴而往，计其所求之数，而怀纸锭以归，谓之借。数月后，复洁牲醴，更制纸锭，倍前所借之数，纳诸庙中，谓之还。或还或借，趾错于途，由来久矣。

这些或叫五圣，或叫五通、五显的，其来历传说不一，但民间却不愿去查究，反正都认为是“五路财神”，或拜祭，或借钱还钱，无非是为了求财而已。

# 太岁头上能否动土?

从前人家，不论是建房构屋、修坟筑墓，凡要破土动工的，都请风水先生先看地点、方位和选定破土动工的日辰，如果择日不吉，或弄错方位，会招来灾祸，轻者家宅不安，重者损及人口，甚至灭门绝户，是一件非同小可的事。

有个故事说：刘伯温有一回到苏州，半夜时，听见附近有撞木的声音，问随从是什么回事。随从回报说，是人家正在上梁。又问房屋大小。回报说，只是一间几桁瓦的小房子。刘伯温叹道：风水先生择日真有本领，此家将来必然大发；可惜是个贫家，发了以后，主人一定拆屋重建，旺气一去，又衰落了。后来此家果然年年兴旺，数年之间成为巨富。主人嫌旧屋简陋狭小，把它拆掉重建，过了不久，此家便衰败破落，一如刘伯温之言。

这故事反映旧时择日的迷信，同时还有择地和择方位的迷信。若择地错误，或犯了方位，便是触犯太岁，极不吉利。所以旧时动土必避太岁。《水浒传》第二回，史进对少华山头领陈达喝道："好大胆，直来太岁头上动土！"可知太岁是触动不得的。

太岁是何等神灵，如此厉害?

说来也奇，太岁本不是什么有形有象的神，它乃是古代星历学一个名词。

原来古代中国天文学家观天测地时，了解到五大行星中的木星，每十二年运行一周，即由天上的某一点起，十二年后又回到原来的一点（现代天文学观测精密，已知道木星轨道周期是 11.86 年，但古人只取其大概，即十二年）。换句话说，木星在天上移动一周天的十二分之一的时候，地球上冬去春来，又是一年重新开始。因此古人把木星称为岁星。木星运行一周就是十二年，即由子、丑、寅、卯、辰、巳、午、未到申、酉、戌、亥，用这个来纪年，就叫“岁星纪年法”。但不久人们就发现，木星的运行是自西向东的，而所有恒星的出没都是自东向西，这给岁星纪年法带来很大不便。聪明的天文历法家于是想出一个绝妙的办法，就是设想在木星的对面，有个看不见的星，朝着与木星相反的方向在天上运行，这样就同恒星的运动一致了。这个看不见的星，就叫“太岁”，又叫“岁阴”。太岁既然十二年一周天，所以每年都要有个不同的名字，以表示它的所在方位，好来纪年。《尔雅・释天》说：“太岁在寅曰摄提格，在卯曰单阏，在辰曰执徐，在巳曰大荒落……”这便是太岁在不同方位上的不同名字。

以上是有关天文历法的事，原与建屋造坟无关。但占星卜宅的术士却利用了它，变成迷信的玩意。他们硬说太岁是一位神灵，是一种凶煞，人们不能冲犯它，只能避开它。而且煞有介事地说：凡是正对太岁方向，或正背太岁方向，都不吉利。至于什么时日算是正对或背对，却又年年月月不同，俗人是不懂的，凡是搬家、建宅、嫁娶、筑坟之类，都只好去请教术士们以求趋吉避凶。

这种迷信起源很古，早于秦代就已出现，而且一脉绵延，直到如今，通书、日历上还写着忌动土、忌移徙、忌安床、忌修坟等等，信者说有，不信者说无，只好“各取所需”了。

东汉的王充，曾为我们留下一些汉代关于太岁的资料，他在《论衡·岁难篇》说：

> 移徙法曰：徙，抵太岁（面向太岁）凶；负太岁（背对太岁）亦凶。假令太岁在子（按，正北方），天下之人皆不得南北徙（搬家），起宅、嫁娶亦皆避之。

从这段话可以想见，太岁在正北，则正北和正南都凶，但太岁有十二个方位，何时何日在何方位，随时变动，人们不靠占星家是没有办法的。

但是，这只是太岁的一种，还有另外一种太岁，则是有目可睹，更为吓人。

唐代段成式《酉阳杂俎》续集《支诺皋中》，记载了一件怪事，据说莱州即墨（在今山东省）有王丰兄弟三人，向来不信什么禁忌。有一年，他们在太岁所在方位掘了一个坑，坑里挖出一个肉团，还能蠕蠕而动，王丰兄弟大吃一惊，立即用土掩埋。不料肉团没有给埋住，跑出坑外，一夜之间不断膨大，终于塞满庭院，王丰一家人也因此暴病而死。

这便是在太岁头上动土的报应。原来太岁不止是个方位的名称，还真有一种东西叫太岁，而且会不断膨胀的，岂不可怕！

到底这个“活太岁”是什么回事？我们不妨读读下面这条新闻报道：

一个被认为是民间传说中的凶神“太岁”的怪物，最近经专家鉴定，被确认为世界罕见的白腴菌新种，并正式命名为“太岁菌”。

四月廿四日，甘肃省永登县连城村三个青年农民起土打坯时，从一米多深的地下挖出一个肉乎乎、滑溜溜，上白下黄，直径十四厘米、高十七厘米、重二点六公斤，外形像个坛子的怪物。闻讯赶来看热闹的人中有人说这是传说中的凶神太岁，要他们赶快重新埋在土里。三个青年却把它送到了兰州大学生物系，让专家鉴别。

据有关专家介绍，这个“太岁菌”长这样大，起码要一百多年时间。它的发现对研究我国西北地区的地质、气候和生物生长环境的变迁，都有一定的参考价值。（新华社1986年12月6日记者陈惠明报道）

原来是一种菌类，长在地下的，难怪好像一块肉团，当然不是什么凶神，也与太岁无关——你叫它作“太岁菌”，自然也无不可。

除了《酉阳杂俎》，还有别的书也记载过发现“太岁菌”。清翟灏《通俗编》引《赞宁传载略》云：

吴越时人董表仪，欲撤屋掘土，阴阳家言：太岁居此方，不可具工。既而掘深三尺许，得一肉块，人言即太岁也。董投之河，后亦无祸。

又引《广异记》云：

晁良贞，性刚不怖鬼神，尝掘太岁地，见一白物，鞭之数百，送通衢，夜使人阴听之。三更后，车骑甚众，问太岁：“受此屈辱，何不报之？”太岁曰：“彼正荣盛，无奈之何。”

这两段故事合起来读很有趣。分明是于人无害的菌，有人把它丢到河里，安然无事；有人把它丢在大街上，虽然引起一段神话，也还是安然无事。这也可说是“见怪不怪，其怪自败”吧！

# 文曲星·文昌星·魁星

## 一、从范进中举谈起

文章的气运上应星宿，这是古人信以为真的。

天上有星宿主宰文运，这也是古人信以为真的。

《儒林外史》写到范进中举欢喜疯了的时候，他丈人胡屠户就说："虽然是我女婿，为今却做了老爷，就是天上的星宿。天上的星宿是打不得的。"及至打了范进一巴掌，不觉那只手隐隐的疼将起来，心里懊悔道："果然天上文曲星是打不得的，而今菩萨计较起来了。"

科举时代，中了文科举的人是文曲星下凡，中了武科举的人是武曲星下凡。民间就是这样认为的。小说也是这样宣扬，例如狄青是武曲星下凡，包公是文曲星下凡；也有说比干是文曲星下凡，窦荣是武曲星下凡的。为什么有这种说法？因为自秦汉时起，中国就产生了"天人感应"的学说。正如汉朝董仲舒说，天的地位是高的，它的恩泽是下施的。天的形象是隐蔽的，但它的光明是人人皆见的。天高高在上，所以地位尊崇；它施泽于人间，所以是仁慈的。天隐蔽自己，

范进中举，但却喜极而疯，
那是天上星宿主宰乎？

正由于它是神；天放出光明，又说明它的存在。（参考《春秋繁露·离合根》）

于是出现了“天意”“天祚”“天符”“天挺”“天禄”“天寿”“天宪”“天章”种种说法，无非说明天是人间的最高主宰，可以对人间施行祸福、寿夭、穷通、生死，等等。而且罗列在天上的星宿，也各各代表了天的秩序，天的意旨。于是又有主宰人间福禄的星、寿夭的星，甚至掌管人间一生一死的星，如此等等。所以，天上的文曲星下凡便成为朝廷中的大文臣，武曲星下凡便成为朝廷中的大武官，便是很合理的了。

## 二、文昌星有过煊赫历史

科举时代，凡有府县学校的地方都建有文昌庙，供奉文昌帝君。据说这位帝君是主宰官禄之事的。奉祀了他，这地方就多出科举人才。这种迷信由道家的“文昌星明，文运将兴，上帝命张恶子掌文昌府事及人间禄籍”的说法而兴起的。

文昌原是一座星宿，来历很古。《史记·天官书》说：“斗魁戴匡六星，曰文昌宫：一曰上将，二曰次将，三曰贵相，四曰司命，五曰司中，六曰司禄。”这星座在北斗七星的斗魁（第一至第四星）之前，故称“戴匡”。纬书《春秋元命苞》解释道：“上将建威武，次将正左右，贵相理文绪，司禄赏功进士，司命主老幼，司灾（司中）主灾咎也。”照此书所说，文昌星座是很重要的，文事、武功、考选、赏罚、老幼寿夭、灾咎，它都管得着。

不过，从天文学的角度来看，文昌星座的地位并不重要，六颗星中，只有一颗是三等星，其余都是四等或五等星（五等星一般人用肉眼仅仅可见），对比起北斗七星来，很不显眼，要找着它们也困难，不知道古人对它为什么如此重视。

也许因为这星座是如此渺小，难以引起人们的注意，所以到了后来，文昌星的职掌权力逐渐缩小了。《三国演义》第六十九回，管辂救了赵颜之后，对他解释说：“穿红者，南斗也；穿白者，北斗也。北斗注死，南斗注生。”这已经把文昌星的司命权力夺过去了。至于“上将建威武，次将正左右”，也没有人再相信；“司中主灾咎”，更让其他神灵代替担任。只剩下“文运”一项权力，还由它继续行使。

文昌星

唐代裴庭裕《东观奏记》说："初，日官奏：文昌星暗，科场当有事。"可知唐代已经把文昌星同科举考试直接联系起来。以后，此说在民间更为流行，明清两代学宫都建文昌祠，认为所祀的即是文昌星，文昌星的其他"职责"，很少人提到了。

那么，文曲星和武曲星又在天上哪个方位呢？还是道家的说法：北斗第四星（一向称为"天权"的）是文曲星；北斗第六星（一向称为"开阳"的）是武曲星。这就信不信由你了。

## 三、魁星这个怪物

我们还不应遗漏了"魁星踢斗"这回事。

从前，在城镇或乡村，常见有魁星楼，楼中树立一个塑像，红发、青面、獠牙，面目狰狞，一手持笔，一手执斗，一脚向后踢起。相传这就是魁星。据说他是主持文运的，因此在文昌阁中也供他的塑像。也有人把像刻在石碑上，也有人画成图形，或把"魁"字画成一个鬼用脚踢斗的模样，挂在墙上，祈祷科举高中。

所谓魁星到底是什么怪物？有人考证，说是北斗第一星（一向称为"天枢"的）就是魁星；也有人说，北斗第一至第四星，构成斗状，这四颗星才是魁星。不过，不管是北斗第一星还是四颗星，在史籍上都没有"主持文运"的说法，而且既已有了文昌星“主持文运”，怎么又再分出个魁星来？因此许多人都不相信，认为是杜撰。

虽然有人认为杜撰，那个面目狰狞的魁星却依旧在民间流行。《新搜神记 · 神考》有一则说：“陈公士奇督学于蜀，蜀人临科场，必泥塑小魁星而卖之。士奇呼各茂才（即秀才）而出一句曰：‘卖魁星，买魁星，亏心不买，亏心不卖。’诸生无对。”可知魁星的迷信，深入人心，胶固不解。

晚清时有一本笔记小说《客窗闲话》，记载一件魁星的奇事，颇为有趣。故事大致是这样的：

有个盐商伙计某甲，因积年欠下盐商一千两银子，无法清还。商人常常追索，某甲又忧又急，奄奄成病。他有个儿子，生性聪明，喜欢读书，七岁时已有神童之称。忽一日，他对父亲说，我有巧计，能使那盐商不来追债。他父亲自然不信，儿子道：“我的计策，成功固好，若不成功，人家也不过说我顽皮罢了，不会惹出什么麻烦的。”于是他向父亲讨了一两银子，跑到一个演戏的人家，向那扮花脸的演员说：“请你后天到我家来，如此如此。”将银子递上去。那演员接过银子，满口答应。

到了那天，商人来到某甲家中，声声讨债。某甲从病榻上抬起身，对他说：“昨天我吩咐儿子到好友家借银子，先还你一笔本息。但不知银子借来没有，待我问问他。”便大声叫唤儿子的名字。只听得孩子在书房里高声朗读，毫无反应。某甲对商人道：“我病体难支，不能举步，就烦先生进去问他。”那商人也是懂点文墨的，又听说孩子有神童之称，也想看看他是什么模样。于是举步走向书房。只见房门虚掩，书声朗朗不辍。商人把门推开一线，朝里望去，不禁猛吃一惊，原来那孩子背后，站着个正如画里所见的魁星，青面獠牙，虎裳绣甲，一手执笔，一手持斗，身上闪出光芒。那孩子却全不觉得，只是埋头苦读。商人一惊之下，立即掩门退身，不敢再看。心中却想，这孩子原来有魁星庇护，日后必是个状元公了。于是回身对某甲说：“你孩子相貌大贵，不久定会发迹。我想同你交个朋友，给孩子帮一把力哩。”某甲把孩子叫出来见客，商人见他仪貌非凡，应对有礼，越加敬重，便答应勾消欠债，还资助孩子的读书费用。后来那孩子入学中举，果然大魁天下云。

试想世上哪会有魁星显灵？那个所谓魁星，无非是演员假扮，只因商人霎眼一瞥，就以为是真的了。这也可说是一出心理战的表演。

# 关公变成佛教的伽蓝神

## 一、“拉大旗作虎皮”的怪事

从前许多佛寺，在正门前面或院子旁边，塑了一尊关羽的神像。关羽与佛何关？据僧人说：关云长是护法的伽蓝神。

关羽怎么变成佛门里的人，而且还是佛寺的卫士呢？探究起来，要先从陈隋间天台山一个著名和尚智顗说起。

智顗是南朝梁元帝时任散骑常侍的陈起祖的儿子，十八岁出家，精通《法华经》。陈朝建立，他到南京，在瓦官寺宣扬佛法，与陈宣帝建立密切关系。陈宣帝把天台山所在的始丰县（即今浙江天台县）的赋税收入，全部划归天台山的修禅寺（即国清寺）作为香火收入；陈后主皇后沈氏，更拜智顗为师，受赐“海慧菩萨”的法号。隋炀帝为太子时，智顗又和他深深结纳，他为杨广授“菩萨戒”，使杨广成为“总持菩萨”；而杨广也授他以“智者”的封号。这个大和尚，历事梁、陈、隋三朝，风头之劲，一时无两。

就因为智顗受到几个王朝帝王的敬奉，天台山的国清寺也大大著名，成为国内有数的名山丛林，于是有关智顗的神话便纷纷制造出来。其中一个神话就与关羽有关。

据说当阳县玉泉山原有个大力鬼王及其眷属，盘踞山中作恶。智顗由天台山来到此山时，鬼王便使出种种怪异，“虎豹号掷，蛇蟒盘瞪，鬼魅嘻啸，阴兵悍怒，血唇剑齿，毛发鬅鬙，妖形丑质，倏然千变”，恐吓智顗。可是智顗不为所动，还向那些鬼魅说法。此时忽有一个长大汉子出现，向智顗说：“我乃关羽是也，死后为神，守护此山，不许他人占据。本想把你逐出此山，不料法师有此定力，毫不畏惧，反令我深为畏敬，愿舍此山作为道场，我父子二人永作护法。”于是法师授以五戒，收为佛门弟子。关羽随即运用神力，“其夕晦冥，震霆掣电，灵鞭鬼棰，万壑浩瀚，湫潭千丈化为平址。黎明往视，精蓝（佛寺）焕丽，担楹阑楯，巧夺人目。”（参引宋张商英《重建关圣帝庙记》）

这便是关羽变为佛徒的起源。照此说来，在隋代，关羽已成为佛门的一员了。

但此事后来忽又移到唐代的神秀身上。神秀和慧能，同是五祖弘忍的弟子。神秀因写了“心似菩提树，身如明镜台。时时勤拂拭，不使惹尘埃”的偈语，五祖认为他尚未悟道，把衣钵、袈裟付与慧能。慧能回到广东，大扬禅宗，是为南宗六祖。神秀虽然不能得到衣钵，却也自称继承五祖，是为北宗六祖。这个北宗六祖为了抬高自己地位，也制造一个神话，把关羽拉到自己门下来，这就等于同智顗争部下了。

关羽

弘治本《三国志通俗演义》在玉泉山关公显圣一回中，引《传灯录》云：

大唐高宗仪凤年间，开封府尉氏县有一秀才，累举不第，三上万言策，皆不中选，遂乃出家，法名神秀，拜蕲州黄梅山黄梅寺五祖弘忍禅师为师，学大小乘之法。后云游至玉泉山，坐于怪树之下，见一大蟒，风簇而至，神秀端然不动。次日，于树下得金一藏，就于玉泉山创建道场。（时此地原有一庙）因问乡人："此何庙宇？"乡人答曰："乃三分时关公显圣之祠也。"神秀拆毁其祠。忽然阴云四合，见关公提刀跃马于云雾之中，往来驰骤。神秀仰面问之，公具言前事。神秀即破土建寺，遂安享关公为本寺伽蓝。至今古迹尚在。

这一段引文，在毛宗岗评点的《三国演义》中已删去了。但佛教徒们要把关羽拉到佛家门下来，不论说的是智颛还是神秀的事，那用意都是一样的，而且那情急之状可掬。

唐、宋两代，民间的说书人（后来还加上戏剧家）到处设档“说三分”，三国英雄故事逐步深入人心。李商隐《骄儿》诗已有“或谑张飞胡，或笑邓艾吃”之句；苏东坡也说，当时说书人讲三国故事，声情毕肖，孩子们听到曹操方面失败，就拍手称快，听到刘、关、张不幸，就皱眉丧气，甚至哭泣起来。显然，关公死后在玉泉山显圣的情节，一定已由说书人创造出来，这就给佛教徒以可乘之机，索性造作谣言，说关公在玉泉山被和尚收为门徒，成为佛寺的伽蓝，以此来增添自己的光彩，拉拢更多的信徒。

伽蓝二字，是梵语僧伽蓝摩的简译，意义是众人园庭，也就是僧众所居的寺院。后来伽蓝又变成护卫伽蓝的神灵的简称。据《释氏要览》引《七佛经》，有十八种神灵是保护伽蓝的，即美音、梵音、天鼓、叹妙、叹美、摩妙、雷音、师子、妙叹、梵响、人音、佛奴、颂德、广目、妙眼、彻听、彻视、遍视。不过这些伽蓝神是什么样子，却不清楚。也有人认为寺中塑造的韦驮，手执金刚杵，作英俊少年状的，又称护法伽蓝。那么，寺院本已有了伽蓝，为什么又硬拉关羽来充数？除了“拉大旗作虎皮”，用以吓唬他人、增添自己声势之外，是找不到其他解释的。

## 二、道教封关羽为伏魔大帝

在佛道二教互争雄长中，道教徒也不肯示弱，也把关公拉入教中，称之为伏魔大帝。伏魔大帝的名义，自然比伽蓝好听得多，但是在实质上，还是近似于护法小神，远未能与三清同列。

道教徒是怎样把关羽拉进自己队伍的？余象斗的《北方真武玄天上帝全传》有段话说得神奇，不妨在此略一介绍。

此书说，祖师（北帝）巡行到天台山，见一妖怪，身长脚小，遍身金光。祖师知是妖精，要收伏他。不料反被妖精放出飞刀，刺中身体，死于阵中。手下水火二将，即赴上界向三清求救。三清派出妙乐天尊下凡，先将祖师救活，对他说：此妖乃普庵禅师名下一个徒弟的法宝，走下凡间作怪。祖师问普庵禅师徒弟是谁，天尊曰：乃三国时关云长是也。他在天曹，玉帝封为忠义大将军，日守天门，夜管酆都，近因西天如来说法，他带了关平、周仓到西天听经，遗下金刀，不想此刀走下凡间作怪。

于是祖师驾云前往西天，直到如来座下，说明原委。关羽因听经未毕，不肯前去。如来曰：法虽未完，汝在此即拜上帝（北帝）为师，生生世世不入尘劳，不须闻经听法，亦可脱轮回之苦矣。关羽大喜，拜了祖师，然后一同到天台山。那金刀妖出战，一见主人，骨软如绵，现出本相。关羽收了金刀，祖师大喜，奏知玉帝，封关羽为崇宁王道大真君朗灵

身穿武将服，手持金刚杵，好一个护法韦驮

关元帅之职，左手执金烈沙刀，右手执紫微敕印，左脚一雷神，右脚一火车，助上帝降魔。

所谓伏魔大帝，原来有这个来历，也真亏道士们想得出。大凡神也好，人也好，一旦出了名，便会有许多团体或组织，要把他拉到自己门下，使自己平添光宠。佛教徒要拉关羽，道士们也要拉关羽，无非因他名气甚大，能为本教争面子、添光彩而已。这真是一幅社会势利相，画出许多人的心肠。然而，关羽的大刀可以杀死北帝祖师，但关羽收伏成妖的大刀以后，反而要拜北帝为师，在他的手下协助降魔。这是什么逻辑？道士的编造真是匪夷所思了。

自从满族入主中原，因为满洲人对关羽的崇拜，更超出于中原汉人，于是关羽的声望地位便达到空前的高峰，既尊他为“忠义神武关圣大帝”，又让他血食天下，无处不建起他的庙宇。于是问题也来了，以声威地位如此崇高的神灵，却在佛门之下，屈为侍卫微神，岂非怪事？于是有人为他大鸣不平。《古今图书集成·神异典》卷三十七有一篇《伽蓝辨》，就是为此而发的。此文说：

> 圣帝忠孝节烈，得统春秋，素王素臣，心源独绍，自孔孟而后，扶名教而植纲常者，赖有圣帝也。数千百载来，自天子以迄士庶，莫不奉为仪型，隆以褒崇之典，加以帝王之号，馨香俎豆遍于宇内，未可与伽蓝等视之也……今焉有以帝王之尊，居门庑之下，被介胄之饰，类宿卫之容，其为亵越，不已甚乎？

该文主张：“门者徙之于庭，旁者易之以正，并戒后之设像者，宜坐不宜立。”就是说，关帝的伽蓝像，要立在中庭，或居中位置，而且只坐不立，庶几不致过于亵渎。然而，这只是略为改善关公的形象，却并未把他彻底“解放”出来。至于佛道二教的信徒，似还没有人肯听他的话。

# 周仓的来历及其神异

## 一、从无到有的周仓

在所有关于关云长的历史记载中，从未见有所谓周仓其人。自从《三国演义》出现，周仓之名及其故事，却家喻户晓，无人不知。周仓出身寒微，自归在关爷麾下，便一直忠心耿耿，英气勃然，最后还追随关云长于地下，与王甫、赵累同为殉国的义烈丈夫。直到如今，成都的武侯祠，还把他的塑像与关平、关兴、赵累等同祀于祠堂东偏殿内，居然像历史上实有其人了。至于各地的数不清的关帝庙、印不完的关帝像，都少不了两个侍从，一个关平捧印，一个周仓持刀，正如释迦牟尼塑像也少不了文殊、普贤两位菩萨一样。周仓何幸而享此大名，受此香火，世事难料，这也是一个证据吧！

周仓既然是史无记载，那他又是从什么地方跑出来的？是《三国演义》首先制造这个英雄的么？

《三国演义》写周仓，自然不是无缘无故。

陈寿《三国志》写刘备借荆州，及至进据西川，孙权要求归还荆州，刘备不肯。此时孙刘两军在今湖南益阳一带对

关羽夜读《春秋》，
周仓手持偃月刀侧立

峙，一边是鲁肃，一边是关羽，战争大有一触即发之势。于是鲁肃派人请关羽相见，“各驻兵马百步上，但请将军单刀俱会”。在会上，鲁肃指出以前东吴因刘备兵败远来，无地驻扎，因此借与荆州；现在刘备已得益州，东吴但求归还三郡，为何还要拒绝？鲁肃话未说完，座上有一人曰：“夫土地者，惟德所在耳，何常之有？”鲁肃厉声加以呵斥，关羽道：“此自国家事，是人何知！”打眼色叫他退下。

这个座上发言的人，无姓无名，大抵是随从将校之类，无可稽考。但当三国故事在民间盛行以后，“单刀会”成为一个重要情节，这个座上客便受到小说戏剧家的注意，要把他写成一个人物了。后来的周仓，便由此塑造出来，不过在塑造中又有一个过程。

清代史学家章学诚《章氏遗书外编》有一则云：

关圣庙传周将军仓，史传并无明文，而小说载之，儒者所弗道也。然历著灵应，似非全诬。《山西通志》云：“周，平陆人。初为张宝将，后遇关公于卧牛山上，遂相从。樊城之役，生擒庞德。后守麦城，死之。”与《三国演义》俱合，但未知有所证否尔？

这部《山西通志》，硬认周仓是平陆县人氏，看来是根据民间传说，而又引《演义》来加以证实，虽说是官修的地方志，同样是不足信的。

要查周仓此人的最早来历，还应到小说戏剧中去寻找。

据笔者推测，小说周仓的最早原型，是出自关汉卿的著名杂剧《关大王单刀会》。此剧现存最早版本有《元刊杂剧三十种》本，曲文齐全，说白极简。说的是鲁肃要索回荆州，派人请关羽过江赴会，故事相当于《三国演义》第六十六回。

《三国演义》的叙说是清楚的，关云长单刀赴会，跟随他的不是别人，正是周仓。但杂剧《单刀会》却并无周仓的名字。此剧第三折的开头，有两个人先出场，一个叫“关舍人”，另一个只用一个“净”字。人们都知道，“舍人”是元代杂剧中对少年公子的敬称，因此这“关舍人”自然是关平，毫无可疑。至于另外那个“净”，既不是姓，也不是名，乃是脚色之一种，即所谓“二花面”。这就是说，先出场的人，一个是关舍人即关平，一个是由二花面饰演的人。他二人上场做了些动作，便下场了，然后由关羽出场。到第四折开场时，又是关舍人先上场，再是这个“净”上场，然后关老爷正式出场，身边带着这个“净”，单刀过江赴会。

看了此剧的三个人物，我们便心中明白，除了关羽之外，另两个人一俊一丑，俊的舍人便是关平，丑的净便是周仓。

但是在此剧中，周仓还未有名字，他只是随从关羽过江的一员二花面武将；然而他是周仓的原型，则是无疑的。

此剧第四折最后还有两段唱词是低一格抄写的，唱词大意说，鲁肃叫人偷走了我的马，偷马人给拿住了，气得我恶狠狠要把偷马贼捆起来，用铜锤打烂他的大腿。这样的唱词显然不能出自关老爷之口。据今人刘知渐《读单刀会札记》说：“这个人物可能就是周仓。大约关羽上船后，周仓发现自己的坐骑被鲁肃部下偷去，因而愤怒地对偷马者唱出这支曲文。”这一推测是合理的；只不过，剧中只是个二花面人物，还没有周仓的名字。

到了罗贯中撰写《三国演义》时，在单刀会一场，这个二花面当然照例出场，但就不可能没有姓名了，于是罗贯中“锡以嘉名”，把此人称作周仓，周仓从此代替了杂剧中的“净”，活跃在千万读者眼前了。

自然，也不排除这一事实：《关大王单刀会》在元代几十年演出之中，早有艺人把剧中的二花面加上周仓的名字；而罗贯中无非是把这名字照搬到《演义》中而已。

又清梁章钜《浪迹续谈》卷六引元人鲁贞的《汉寿亭侯

碑》，已有“乘赤兔兮从周仓”一语，因知明以前已有周仓的名字云。笔者未见鲁贞的《汉寿亭侯碑》，未知是否果有此语，但即使有这话，仍是元代的事，不会早于关汉卿的《单刀会》；而且鲁贞正当杂剧盛行之时，他因戏曲中有周仓的名字，便引入文中，也是完全有可能的。元人杂剧失传的不少，其中有专演周仓故事的，毫不足奇，可惜已经看不到了。

## 二、周仓之神异在双脚

周仓成神以后，关于他的神话，就陆续出现，并且都由他一人担纲，不劳关公和关平出马。这可见世人对这位手上拥有大刀的神的看法。

褚人获《坚瓠秘集》记载一件事：

明崇祯年间，徽州有个姓王的人，生性不孝，每日都要老母抱着孙儿到厨房做饭，习为常事。忽一日，正在厨中烧水，他母亲手抱孙儿，一手揭开镬盖，小孙突然奋力挣扎，跌下镬中，捞起时已受烫伤。王某闻讯，狂怒持刀，欲杀其母。其母慌急，逃入隔邻关帝庙中。王追入庙内，举刀欲斩之际，忽见周仓神像举刀一格，王刀飞出丈外，王随即倒地而死。庙祝闻声出视，见周仓神像一足仍在栏内，另一足已跨出栏外，植立不动。此事惊动全镇，争来礼拜，并粉刷贴金，从此周仓神像一脚跨栏，至今仍旧不变云云。

袁枚《子不语》也载一个故事：浙江东台县关帝庙内的周仓神像，塑造凶猛，但脚下不着靴鞋，露出一双大脚板。据说这种塑像也有来历，因为当年关羽水淹七军，擒了于禁和庞德，而庞德是被周仓在水中生擒活捉的。周仓当然不是穿靴下水，因此此神也塑作赤脚模样，以传其真云云。袁枚还说他亲自到过东台县，入关庙参拜，证实周仓之神是赤脚的。

清人李心衡写过一本《金川琐记》，也记叙了周仓显圣故事。据说乾隆三十七年（1772）征剿大小金川之役，经过艰苦战斗，迫使叛军投降，但叛军仍暗阴反扑。忽一日，叛兵突袭大营，包围登春沟（在四川抚边屯），官兵虽拼命抵御，仍无法将叛军击退，而大兵远隔，亦不能救援。正当叛军蜂拥扳崖登山，情势万分紧急时，官军忽见来一巨人，手持大刀，向叛军纵横冲杀，立时砍倒数十人，叛军大惊而退。当战斗时，官军见此大汉一脚皮靴，一脚草鞋，不解何故。乱平以后，遍寻其人，杳无踪迹。不久，有军官回到成都，偶入文庙街关帝庙，忽见周仓神像，一脚皮靴，一脚铁制草鞋，乃知是周仓显圣。便在金川屯所建筑关帝庙，并照成都的型式塑造周仓神像云。

此三则神话都与脚有关，也许是反映了某些人对周仓的看法：他是草寇出身，后来才追随关羽，因此仍不脱绿林的色彩——是不是呢？

# 钟馗其人与“钟馗嫁妹”

钟馗捉鬼，乃是家喻户晓的故事，此神自唐及宋，由明至清，千余年间，威风不减。直至今日，原子能时代已经代替蒸汽、电力时代，而钟馗的声威岿然仍存，试看画家们的钟馗画像，依旧大行其道，有人高价收买，有人高悬室中。对比起来，民间曾经盛行的门神如神荼、郁垒，宫殿守卫之神如胡敬德、秦叔宝之辈，备受冷落，乃至不复印于青年人心目之中，则钟馗的神力，显然比许多神灵都胜出一筹了。

此神显赫有名，历代议论的人亦多。探讨他的出身，争论他的来头，出现过许多文章。但归纳起来，不外两说：

一说认为，钟馗不是由人升华的神灵，乃是古代驱鬼的一种用具，其形如棒椎。引汉代马融写的《广成颂》“挥终葵，扬玉斧”为证，说“终葵”便是钟馗的最早名字，它与玉斧对称，一个斧头，一个大椎（锤），都是古人拿来驱鬼的用物，以后才讹传为神而已。

另一说则认为，钟馗实有其人。因为在南北朝时，已有不少人用钟馗或终葵为名字，如杨终葵、李钟葵之类，连宗悫的妹子，也名钟馗。他们是不会把椎子作名字的，一定是自古有钟馗其人，他又有驱邪的传说，后人才袭取其名，取辟邪吉利之意。

这后一说，笔者颇为赞同。在古人的心目中，一个庞大的神鬼世界是俨然存在的；某些人死后为神，又认为是理所当然的事。古人没有必要把一个椎子化为神的形象，因为可以充当神的人物本来不少，何必舍近求远，拿一把椎子变成人像，再变为神。如此迂回曲折，于理难通。

可惜远古的神话已经失传，如今大家知道的，只是唐代一个传说。传说是这样的：唐玄宗在骊山，染上疟疾，回到宫中，久不痊愈，正在群医束手之际，玄宗忽在梦中见一小鬼，腰中插纸扇，打赤一只脚，径来偷窃贵妃的紫香囊和玄宗的玉笛，盗得二物之后，便绕殿而走。玄宗正惊讶间，忽见另一大鬼戴幞头，穿蓝袍，一臂袒露，伸手把小鬼捉住，挖出两眼，然后把鬼撕成两半，吞进肚里。玄宗问大鬼是什么人，大鬼回答：姓钟名馗，因考进士落第，惭恨而死，现在立誓助陛下斩除天下之妖孽。玄宗醒来，疟疾立即痊愈，乃诏画工吴道子来，告以此梦，叫他绘一钟馗图，并下诏道：“烈士除妖，实须称奖，因图异状，颁显有司，岁暮驱除，可宜遍识，以祛邪魅，兼静妖气，仍告天下，悉令知委。”从此以后，每年腊月除夕之前，朝廷即将画有钟馗的肖像以及新年日历，颁赐大臣，作为皇帝的赏赐。现在《刘宾客集》中尚有《为李中丞谢钟馗历日表》《为杜相公谢钟馗历日表》，其中写道“中使某乙至，奉宣圣旨，赐臣画钟馗一，新历日一轴，恩降云霄，光生里巷”云云。钟馗像和新日历在一起，甚似如今有绘图及有月、日、星期的年历挂幅。此物是否唐代已有，值得考古学家研究一下。

钟馗的舞蹈，早于钟馗的戏剧出现，而钟馗戏剧又早于钟馗的小说，这是少有的例子。

钟馗的舞蹈，北宋就有了。孟元老《东京梦华录》卷七“诸军百戏”写道：“有假面长髯、裹绿袍、靴、简，如钟馗像者，傍一人以小锣相招和舞步，谓之舞判。”这便是以钟馗为主角的舞蹈，因为他能捉鬼，亦即辟除邪祟，所以在节日演出，如同舞龙舞狮一样，具有召唤吉祥之意。

钟馗的戏剧最早的还保存一种，叫作《庆丰年五鬼闹钟馗》，是明代编演的贺年戏。这个戏，《孤本元明杂剧·提要》介绍道：

明抄本，明人撰，姓名未详。记钟馗上京应试二次，为杨国忠所摈，第三次不欲去，县中劝勉，不得已允之。中途宿于五道将军庙，睡中被大耗小耗五方鬼所侮弄，馗醒而拔剑逐之，众鬼惮其正直，均不敢近。馗至京，主试者为杨国忠、张伯循，张欲以馗为头名进士，杨收他人贿赂，仍面斥馗文字不佳。张劝馗且回寓候旨。次日张奏准赐馗进士袍笏，而馗已气忿身亡。玉帝怜馗正直不遇，敕馗管领天下邪魔鬼怪。馗托梦于殿头官，殿头官奏知圣上，遂着各处画馗形象，以驱邪怪。于是五福神、三阳真君，偕钟馗于正月元日各献神通，使年年丰稔，岁岁升平，三阳开泰，万民乐业。盖岁首吉祥之戏，文笔清顺，音律谐合，排场热闹，亦佳作也。

这个戏的娱乐性是很强的，何况又有吉祥的含义，所以明、清两代都一直上演不衰。

此外又有清初张大复编的《天下乐》传奇，也是演钟馗故事，可惜剧本早已失传，近数十年昆曲和京戏只保留了其中“嫁妹”一场戏。

钟馗嫁妹的传说，不知起于何时，照推想，北宋已经有舞钟馗的节目，在舞蹈时增加一个女子伴舞，再后来演变为嫁妹故事，这是顺理成章的。明代程敏政《宋遗民录》云：赵千里（按，即赵伯驹，北宋画家）作髯君（按，即钟馗），野溷一豪猪即之，妹子持杖披襟逐之。”大意是说，赵千里道的钟馗，有一头大猪从厕所冲向他，钟馗妹子拿起棒来赶走大猪。此画证明北宋时已出现钟馗之妹。还有明代晚期，文震亨写的《长物志》，其中谈到十二月挂的图画说：“十二月，宜钟馗迎福、驱魅、嫁妹。”可见明代已有钟馗嫁妹的绘画，并已普及于民间。推想张大复编的《天下乐》传奇，亦无非收集流传于民间的故事，加以整理而已。

钟馗嫁妹演出之大受观众欢迎，自然是有道理的。试看舞台上一个面目狰狞、行动怪诞的粗鲁大汉，旁边跟随的却是貌似天仙的美人。美的极美，丑的极丑，互相激射，造成强烈的艺术效果。加上载歌载舞，身段架式，都显出丑中有美，美中有韵。人们看到一个表面凶恶狰狞而内心善良可爱的人物，本已感到对比强烈，兴趣浓厚，再加上一个娇滴滴的女郎，一派纯情，一片娇羞，对比更加强烈了。这种表面的美与丑的激射，与内心的善良、希望、喜悦的交融，构成使人奇怪而又当然和谐的感情气氛，真能使人陶醉，认为是美好愉乐的一种享受。这便是“钟馗嫁妹”演出能历久不衰的秘密吧。

## 桃花女斗法与婚姻礼俗

从前旧式结婚，有许多繁文缛节，弄得当事人头昏眼花，精疲力尽，而且越是富贵人家，那排场之阔气，礼仪之烦琐，花费之巨大，也真叫人既惊且叹。

这里不说别的，只说新娘由娘家踏出大门，到进入夫家这一段，就有许多由旁人替她做的怪动作，不知底细的人，真觉得莫名其妙，百思不解。也有人说，这些做作，乃是从古相传，由桃花女定下来，用以趋吉避凶的，因此必须遵守云云。说是这么说，到底是哪些凶煞，如此厉害？多数人又语焉不详。

民间传说中，确实有桃花女和周公斗法之事。桃花女不知什么朝代人，但周公当然不是周朝的姬公旦，无非一个占卜先生罢了。桃花女和周公斗的法又是与别不同，既不是两军对阵，刀枪厮杀，也不是筑起神坛，召请天兵天将，而是在结婚典礼中间，彼此勾心斗角。周公处处要把桃花女害死，桃花女步步为营，逐一化解，最后，周公下了最毒一着，却反而害死自己的女儿。故事十分生动。笔者早年曾在一本旧小说中看过这故事，日久渐忘，连书名也记不起了。幸而手头还有一本元代的剧本，叫作《桃花女斗法嫁周公》。这个剧本故事完整，生动有趣，从中可以知道旧时婚礼许多离奇动作，都有它的理由，确实值得向今天的读者介绍。

## 一、桃花女破了周公的法

这个剧本是元代人写的，故事发生年代作者没有交待，但可以猜想是宋代的习俗流传，到元代照样盛行。这些习俗，至今有些华人聚居地方还照搬无误，可谓源远流长而又根深蒂固了。

下面就是这个故事：

话说洛阳城外，住着一个占卦先生，姓周，人都唤他周公。此人专擅《周易》卦课，占算吉凶，无有不准，早已远近驰名。他的卦铺门前用大字标榜，夸下海口："如不灵验，赔银十两。"三十年间，从无失误。周公为此扬扬得意。

同乡有个姓石的青年，叫石留住，外出经商，日久未归，他母亲心中惦念，便到周公处问卦，周公占得卦象大凶，算定此人今夜必然"三尺土下板僵身死"。石婆婆听了，悲啼回家。

同村有个桃花女，姓任，也是精通《周易》卦课的。这一日，正想绣花，少了几根针，想起石留住是经商人家，便到石家借针使用。却见石婆婆哭得凄惨，一问之下，知道占卦之事，桃花女掐指占算，同样占得凶卦，因她懂得禳解之法，便教石婆婆：“今晚三更前后，倒坐着门限上，披散头发，将马杓儿向那门上敲三下，叫三声石留住哥哥，他便不死也。”石婆婆依言，三更时分，依照桃花女的教导做作一番。

石留住正在回家途中，这天黄昏以后，风雨大作，又找不到宿处，只见路边一座破窑，于是躲进窑中，暂避风雨。三更时候，忽听外面有人唤了三声“石留住”，他觉得奇怪，走出窑外探视，猛然背后轰隆一声，破窑整座塌下。石留住因此捡回一条性命。

周公家里有个老仆人，名唤彭大。这一日，周公又替彭大算命，算得他到后日午时，“合该土炕上板僵身死”。彭大听了，悲哀啼哭，因他与桃花女之父任二公是至交好友，便到任二公家，诉说此事。桃花女又替彭大起了一课，知道周公占算不差，她却又教彭大：“明晚正当北斗星官下降，你买七分香纸花果供在桌上，等到三更三点，七位星官下降之时，领受你的香纸花果，你便从暗处出来，拉住其中一位，向他求寿，你就死不了也。”

彭大听从桃花女的吩咐，备办了香纸花果，果然碰见星官，星官吃他恳求不过，给他添了三十岁寿命，然后升天而去。

彭大没有死，却吓坏了周公。周公向他追查情由，彭大隐瞒不得，便将桃花女如何教导，一一说出，连石留住死里逃生的事，也向周公说了。

周公一连两次被桃花女破了法，赔了二十两银子，还要摘下大言牌。气愤之极，便想出一个毒计。他有个儿子叫增福，年方二十一，尚未娶妻。周公吩咐彭大，拿花红酒礼到任二公家，要娶桃花女为媳。彭大到任二公家，假说花红酒礼是自己的谢礼，等二公收下，媒人便上门来，说这花红酒礼是周公行聘的礼物，任二公发怒，不肯答应。桃花女心知是周公设下圈套，却也不怕，反劝父亲答应婚事。

## 二、翁媳斗法的奇事

下面就是一连串好看煞人的斗法：

且说周公在家里选定一个极凶的日辰，吩咐媒人带领花轿鼓乐一干人等，到任家迎亲。桃花女知道来意不善，事先到石婆婆家，借了石留住来作个伴郎，吩咐他跟随身边，听候指挥。只听外面一派鼓乐之声，花轿已到门前，媒婆进门催促新人上轿。桃花女掐指一算，这时辰正犯着日游神，又犯着金神七煞，新人触犯这二神，必然身死。桃花女吩咐石留住，把准备好的花冠与她戴上，再由石留住手持米筛在前开路。

桃花女走出大门，正撞上金神七煞，欲下杀手，谁知桃花女头上的花冠，上有诸天神像，金神见了，立即退避。还有日游神也意欲行凶，却有石留住手持米筛开路，那筛子代表着千眼神，是日游神最怕的神道，日游神慌忙闪避不迭。桃花女躲过这两员煞星，安然走进花轿。

花轿启行，桃花女一算，此时正值太岁当头，冲犯必死。立即吩咐石留住，叫轿夫把轿车向后先退三步，又将手帕一方盖在头上。轿车后退，变了方位，手帕盖了新娘，太岁失去目标，无从侵犯，桃花女又闯过一关。

轿车来到周家，周公问彭大：新娘如今怎样？彭大把新娘化解的事一一说了，周公气得没法，又掐起指头计算，定了个新人下轿的时辰，这时辰正当黑道，新人一踏地面，无有不死。却又给桃花女识破，她吩咐石留住，拿两张干净草席，铺在地下，新娘脚踏草席，行一张换一张，如此轮换，脚不沾地，从花轿停的地方直走到大门。这就叫作避开黑道，改走黄道。

此时正值星日马当值，新人跨进门限，必被星日马神踢死。桃花女又叫石留住拿来一副马鞍搭在门限之上，新人跨鞍而过，马神见鞍，不能起脚，新人又安然无事。

进入大门，转到院内，院中又有鬼金羊、昴日鸡当值。周公料定新人走过，不是给鸡神啄死，便是给羊鬼触死。谁知桃花女又早有准备，一边拿出镜子，一边吩咐石留住把带来的碎草谷米以及染成五色的铜钱，满院撒开，那碎草谷米一撒，引得羊神鸡神都去啄吃，铜钱一撒，满院的孩子抢着去拾，桃花女趁这空儿，把镜子掩面，轻轻走进大堂。

周公的如意算盘又扑个空，他又算了一卦，这第三重门，正是丧门吊客当值，便吩咐带领新人进入第三重门。那知桃花女又料着了，叫：“小石大哥，取那弓箭来，等我入第三重门时，与我射三箭者！”石留住取出弓箭，对着门扇连射三箭，凶神即时退避，桃花女又安然进了三重门。

彭大把这些举动都看在眼里，忍不住跑去嘲笑周公，周公气得没法。他忽然算出，在新人房里，那白虎星君正伏在床头，只要外间鼓乐一响，惊动白虎星，猛扑出来，便把新人咬死。他暗中吩咐手下人，等新人进入卧房，坐到床头时，立即响动鼓乐，把白虎星引出来。

桃花女走进新房，四下一看，回头对彭大道：“伯伯，我有些害怕，他家有什么小孩儿，着一个来与我做伴。”彭大哪里晓得此中奥妙，回身就把周公的小女儿腊梅请来，叫她进房陪伴嫂嫂。那小女孩年方十三，巴不得看看嫂子，桃花女对她说：“你穿着我这鹤袖儿，在这里坐一坐，我往后面更衣去便来。”桃花女才一躲开，外面鼓乐之声大作，果然惊动了白虎星，猛扑出来，把腊梅咬死了。

说到这里，剧本的故事还没有结束，但是，旧式婚礼中许多迷信禁忌以及例行仪式，像新娘戴花冠、盖头帕、跨马鞍、撒谷米、踏着草席行走之类，究竟是何缘由，这个剧本都交待得非常清楚。

这许多禁忌和仪式，说不上是从哪一家宗教里搬来的，佛教不是，道教也不是，它是中国的占星迷信、卜卦迷信加上一些民间原有迷信，混合搅和，涂饰在婚礼上的结果。其中有些早在唐代已经出现，如新娘入门跨马鞍和坐床撒帐，另外一些却是到宋代才出现，如撒谷豆、踏草席、捧镜倒行之类。因此可以说，完整的一套旧式婚礼仪式，到宋代便固定下来，一直绵延到近世。

桃花女斗法的故事，留下了宝贵的中国民俗材料。

# 他们要封住灶神的嘴巴

## 一、灶神的权威

明人余象斗著的《北游记》，又称《北方真武祖师玄天上帝出身全传》。此书叙述北帝的一生经历，集中了许多奇闻异事。其中有一段，写的是灶君向玉皇大帝告发村民的：

却说玉帝一日升殿，斑竹村中灶君出班奏说："斑竹村

灶神

中有三百灶火，百姓俱不行善，恶人为生，作恶非常，不信天地。”玉帝闻奏大怒：“准奏，即宣行瘟使者钟仕贵，领旨降凡行瘟，灭了斑竹村一村人民。”

这个玉帝只凭灶君一面之词，毫不调查，就下令把一村老百姓尽行灭绝。可见灶君这张嘴是何等厉害。正因为这样，不知多少年前，民间就兴起来一种习俗，每年腊月，照例要祭祀灶神，好让他在上天奏事之前，酒足饭饱，收下贿赂，替这家人隐恶扬善，灭罪消灾。

南宋诗人范成大是个擅长写风俗诗的好手，有一年，他特意写了一首《祭灶》诗，真是刻画得维妙维肖，至今我们读了，一样觉得生动有趣。请看：

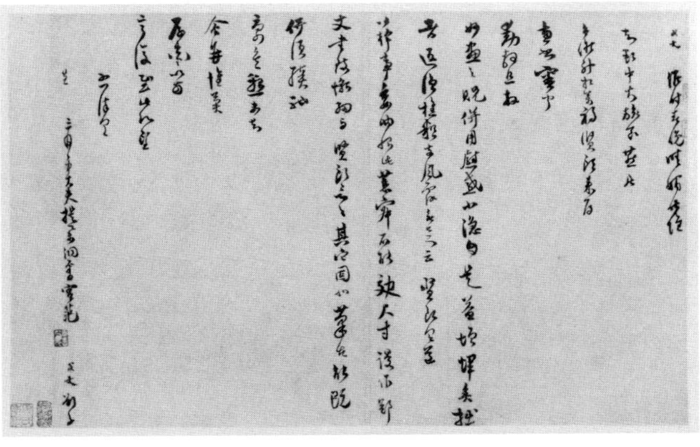

范成大手迹

古传腊月二十四，灶君上天欲言事。云车风马少留连，家有杯盘丰典祀。猪头烂熟双鱼鲜，豆沙甘松粉饵圆。男儿酌献女儿避，酹酒烧钱灶君喜。婢子争斗君（按，灶君也）莫闻，猫犬触秽君莫嗔。送君醉饱登天门，杓长杓短勿复云，乞取利市归来分。

老百姓一面怕他，讨好他，一面又想他在天庭乞一些利市回来，大家分享。这就把升斗小民的心理写得入木三分，大有呼之欲出之概了。

原始人崇拜火，又怕火，那是中外概无例外的。灶是存火用火的地方，火有神，灶当然也有神。中国古代把火神称为“祝融”，自从出现了灶，于是便把祝融祀为灶神（《周礼》旧说）。不过汉代人写的《淮南子》却另有说法，说是“黄帝作灶，死为灶神”（一说不是黄帝，而是炎帝）。原来原始人开始用火，只是堆个柴堆，后来才有人发明了灶，这光荣又归在黄帝或炎帝的头上。

汉代的方士把灶看得很神，绝不止存火和烧煮那么简单。请看《史记·封禅书》这段话：

祠灶则致物，致物而丹沙可化为黄金。黄金成以为饮食器则益寿，益寿而海中蓬莱仙者乃可见，见之以封禅则不死，黄帝是也。

这是汉武帝十分信任的方士李少君说的。照他的说法，祭祀灶君，是修炼神仙的第一步，真不简单。

不过，自从汉武帝晚年悔恨上了方士的当，最后“崩于五柞宫”以后，这番鬼话便再也没有人相信了。黄帝和炎帝也同灶君绝了缘。到了唐代，出现了另一种说法，那是另一批神仙家造出来的。《酉阳杂俎》这样写道：

> 灶神名隗，状如美女。又姓张，名单，字子郭。夫人字卿忌。有六女，皆名察治。常以月晦日上天白人罪状。大者夺纪，纪三百日。小者夺算，算一百日。故为天帝督使。

但这还不是灶神上天告状的最早纪录，而且还只是说叫女儿上天，灶君没有亲自出动他的大驾。

最早记载灶君上天奏事的，恐怕要算晋代道士葛洪。他在《抱朴子内篇·微旨卷第六》里，先说人身中有“三尸”：

> 三尸之为物，虽无形，而实魄灵鬼神之属也。欲使人早死，此尸当得作鬼，自放纵游行，享人祭酹。是以每到庚申之日，辄上天白司命，道人所为过失。又月晦之夜，灶神亦上天白人罪状，大者夺纪，纪者三百日也；小者夺算，算者三日也。

葛洪又说“诸应夺算者有数百事”，其中包括“憎善好杀，

口是心非，背向异辞，反戾直正，虐害其下，欺罔其上，叛其所事，受恩不感，弄法受赂，纵曲枉直，废公为私，刑加无辜，破人之家，收人之宝，害人之身，取人之位，侵克贤者，诛戮降伏，谤讪仙圣，伤残道士”，以及“教人为恶，蔽人之善，危人自安，佻人自功，坏人佳事，夺人所爱，离人骨肉，辱人求胜，取人长钱还人短陌（即以少还多），决放水火，以术害人，迫胁尪弱……”为此等等，不胜枚举。

神既是人造的，当然也就越出越神奇。《三教搜神大全》是宋代以后的一本“神仙档案”，它说：“灶神以壬子日死，不可用此日祭灶，当以五月辰日。”又说：“猪头祭灶，令人治生（利市之意）万倍。用犬祭灶，凶败。鸡毛入灶中，至非祸（引来灾祸）。犬骨入灶，出狂子（生白痴儿子）。正月己巳日白鸡祭灶，宜蚕。五月己丑日祭灶，吉。丁巳日祭灶，主百事大吉之兆。”照这说法，一年又不止一次祭灶，也不限于十二月。不过书中虽然如是说，民间是否照样遵行，又是另一个问题了。

## 二、花样繁多的“媚灶”

最有趣的，是清代顾禄写的《吴趋风土录》。此书记载江浙的民俗最为详备，关于祭灶的事，非常细致：

十二月初一日，乞儿三五人为一队，扮灶公灶婆，各执竹枝，噪于门庭以乞钱，至廿四日止，谓之跳灶王。

廿四夜，是夜送灶，以胶牙饧（蜜糖之类）祀之，俗称糖元宝。又以米粉裹豆沙馅为饼，名曰谢灶团。祭时，妇女不得预（不能参加）。先期，僧尼分赠灶经，至是填写姓氏，焚化禳灾。点灯载灶马，穿竹箸作杠，为灶神之轿，舁神上天，焚送门外，火光如画。拨灰中有未烬者，还纳灶中，谓之接元宝。稻草寸断，和春豆，为神秣马具，撒屋顶，俗呼马料豆。以其余食之，眼亮。

清代送灶的礼节，可谓隆重而又烦琐，大抵有钱人家或官宦之家，才能有这种闲钱和闲力去办，而且怕也限于江浙地区吧。

江浙还有一种旧俗，是挂厨下灯檠，也与灶神有关。灯檠是类似灯盏的东西,“乡人削竹成之,俗名灯挂,买必以双。相传灯盘底之凹者为雌,凸者为雄(大概看竹节形状)。居人既买新者,则以旧灯糊红纸供送灶之用,谓之善富。挂锭以锡纸糊成,间以彩牌方缎,玲珑一串。先期买之,除夕接灶,悬于灶神龛之两角,为来年获利之兆。俗有一事无成,先买挂锭之谑。”

到了除夕,便是接灶日,此时灶神由天上返回人间,“安灶神马于灶陉之龛,祭以酒果糕饵,谓之接灶。或有迟至上元夜接者”。

又是祭,又是送,又是接,真是够隆重了。却也难怪,上至侯王,下至百姓,天天都离不开灶;灶又是婢仆下人出出进进的地方,他们站在灶头旁边,七嘴八舌,毫不顾忌,阴的阳的,明的暗的,见得人和见不得人的,表一套里一套的,大至阴谋反叛,小至调戏婢女,都在灶神跟前大谈特谈。而这又是主人万万禁约不了的。于是灶神的耳朵便成了录音带,十卷二十卷灌得满满的,到时候,他一清二楚地在玉皇大帝跟前播放,你想利害不利害?所以王孙贾特地去问孔子:“与其媚于奥,宁媚于灶,何谓也?”这个王孙贾干了不少坏事,心中有鬼,就去问孔子。孔子答得最妙:“不然,获罪于天,无所祷也。”你干了坏事,灶君便上告天庭,你祭他有什么用处?想当时王孙贾听了,一定毛骨悚然吧。不过,孔夫子虽然说祭灶没有用,人们

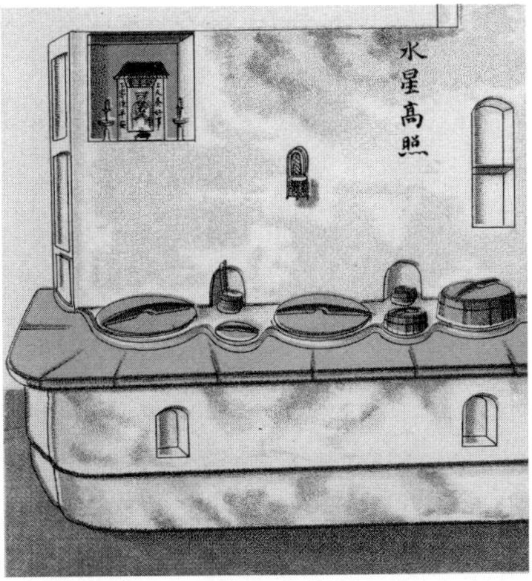


上天奉好事
下界保平安

却仍旧心怀侥幸，设想灶君也像社会上的贪官污吏，是可以用金钱礼物收买的，所以祭灶之礼，不单没有因这位先师的金口玉音而中止，反之还祭祀得更虔诚，更肯下本钱了。后世连胶牙饧也拿出来，要把灶君的嘴巴封得严严的，不正是这个道理吗！

# 厕神三姑和紫姑神的怪异

## 一、混元金斗法力大

《封神演义》第四十九回，写三仙岛上的三位娘娘，即云霄娘娘、碧霄娘娘和琼霄娘娘，下山帮助闻太师。她们有两件宝贝，一是金蛟剪，一是混元金斗。那金蛟剪祭起时，“头交头如剪，尾交尾如股，乃是两条蛟龙结成，不怕你得道神仙，一闸两段”。燃灯道人本来法力甚高，遇到这金蛟剪，也只好借木遁逃生，任由金蛟剪把坐下梅花鹿一剪两段，你说厉害不厉害。至于混元金斗，更是大展神通，不但杨戬、金吒、木吒逐个被它吸入斗中，摔在黄河阵内，连玉虚宫的十二门人，包括广成子、赤精子、文殊广法天尊、普贤真人、慈航道人、道德真君、太乙真人、灵宝大法师、惧留孙、黄龙真人，一应俱被混元金斗吸入，困于黄河阵中，只逃得燃灯道人与姜子牙两位。

这混元金斗为何如此厉害？直到第九十九回姜子牙封神时，柏鉴引三仙岛云霄、碧霄、琼霄上台受封时，才说明此中秘密：

子牙曰：今奉太上、元始敕命：尔云霄等潜修仙岛……未登大罗彼岸。况狂逞于兄言，借金剪残害生灵；且愤怒于冥数，摆黄河擒拿正士。致历代之门徒，劫遭金斗；削三花之元气，后转凡胎……姑从惠典，锡尔荣封：特敕封尔执掌混元金斗，专擅先后之天，凡一应仙、凡、人、圣、诸侯、天子、贵、贱、贤、愚，落地先从金斗转劫，不得越此，为感应随世仙姑正神之位。

小说作者还怕读者不明白，特加注解曰："以上三姑，正是坑三姑娘之神。混元金斗即人间之净桶。凡人之生育，俱从此化生也。"原来世俗说的屎坑三姑，便是这三位，混元金斗即是便桶，那么黄河阵又是什么，也就可想而知了。

## 二、厕所的女神

中国民间信奉多神，门有门神，家有家神，马有马神，蚕有蚕神，上有玉皇，下有土地，求子的去拜观音，求财的去拜玄坛，应考的要祭文昌，上路的要祭路鬼，既然处处有，那"每日更忙都一到"的厕所——时兴又叫洗手间，自然也非有个神来主宰不可。

厕所之神，最早见于载籍的应推西汉时刘邦的孙子，即封为淮南王的刘安。据葛洪的《神仙传》说，淮南王刘安为

淮南王刘安升仙图

人喜爱道术，养三教九流之士数千人，与苏飞、李尚、左吴、田由等八公及大山、小山之徒讲论道德，总统仁义，撰成《淮南子》一书。又爱修炼神仙之术。后来有人向汉武帝告发他要谋反，他知道事情闹大，便同八公登山大祭，埋黄金于地中，白日超升去了。他留下的仙丹，家中鸡犬吃了，也都升天。却又说，刘安未得仙时，遇一群仙伯，因他平时养尊处优，只有别人敬他，哪有他敬别人，对仙伯傲慢无礼。仙伯大怒，罚他看守都厕三年云。因此，若说有守厕之神，刘安应是最早的一个。

但民间却认为厕神是个女人，其来源也很早。南朝宋人刘敬叔《异苑》有一条说，世有紫姑神，古来相传，是人家之妾，因受大妇欺凌，正月十五日气愤而死。以后民间于这一日扎成一个女形，到厕间或猪栏边，祝祷说："紫姑呀！你丈夫外出去了，恶婆也不在，你出来玩玩吧。"反反复复祝祷之后，那女形的东西便活动起来。大家都心里明白，紫姑神来了，便迎回室中，摆设香案，向她占卜问事。据说她认为好事，就跳跃不停，认为坏事便躺倒不动。约略同时的《荆楚岁时记》也有"（正月十五日）其夕迎紫姑"的记载。

紫姑神

唐代当然也有这种习俗。李商隐有两句诗，道是：“身闲不睹中兴盛，羞逐乡人赛紫姑。”可见民间请紫姑神的风俗，照样盛行。

## 三、苏东坡、沈括和朱熹的记述

宋代请紫姑神的办法又更进一步，是和扶乩结合起来。于是紫姑便能借沙盘写字，同人应对问答，甚至写诗了。这事并非道听途说夸大其词，有苏东坡的《子姑神记》和科学家沈括的记载为证。

苏东坡的《子姑神记》写道：

其明年正月，（潘）丙又曰：神复降于郭氏。予往观之，则衣草木为妇人，而置箸手中，二小童子扶焉。以箸画字曰：妾，寿阳人也，姓何氏，名媚，字丽卿，自幼知读书属文，为伶人妇。唐垂拱中，寿阳刺史害妾夫，纳妾为侍妾，而其妻妒悍甚，见杀于厕。妾虽死，不敢诉也。而天使见之，为直其冤，且使有所职于人间。盖此所谓子姑神者，其类甚众，然未有如妾之卓然者也……

下面，苏东坡又说紫姑神写了几十首诗，“敏捷立成，皆有妙思”，“问神仙鬼佛变化之理，其答皆出于人意外”。

这样一个紫姑，连大诗人都为之佩服，也可谓罕见了。

沈括是北宋著名的科学家，他的《梦溪笔谈》卷廿一有一条谈紫姑神的事，也很神奇：

旧俗正月望夜迎厕神，谓之紫姑。亦不必正月，常时皆可召。予少时见小儿辈等闲则召之，以为嬉笑；亲戚间曾有召之而不肯去者。（引者按，难怪广东有句俗语说：“屎坑三姑，易请难送。”）两见有此，自后遂不敢召。景祐中，太常博士王纶家，因迎紫姑，有神降其闺女，自称上帝后宫诸女，能文章，颇清丽，今谓之《女仙集》，行于世……其家亦时见其形，但自腰以上见之，乃好女子，其下常为云气所拥。善鼓筝，音调凄婉，听者忘倦。尝谓其女曰：“能乘云与我游乎？”女子许之，乃自庭中涌白云如蒸，女子践之，云不能载。神曰：“汝履下有秽土，可去履而登。”女子乃袜而登，如履缯絮，冉冉至屋覆下。曰：“汝未可往，更期异日。”后女子嫁，其神乃不至。

这一段记述，若不是沈括自称“目见者”，人们是绝不会相信的，即使相信他曾目击，也还是百思不得其解。

道学家朱熹对紫姑神也不敢肯定说没有，他答门人义刚问紫姑神吟诗事说：

亦有请得正身出现，其家小女子见，不知此是何物。且如衢州有一个人事一个神，只录所问事目于纸，而封之祠前，少间开封，而纸中自有答语。这个不知是如何。

又答方门人云：

是我心中有，故应得。应不得者，是心中亦不知曲折也。（《朱子语类》卷三）

不妨再引一篇苏东坡的文章：

江淮间俗尚鬼。岁正月，必衣服箕帚为子姑神，或能数数画字，黄州郭氏神最异。予去岁作《何氏录》以记之。今年，黄人汪若谷家神尤奇。以箸为口，置笔口中，与人问答如响。曰：吾天人也，名全，字德通，姓李氏，以若谷再世为人，吾是以降焉。箸篆字，笔势甚奇，而字不可识，曰：此天篆也。与予篆三十字，云是天蓬咒。使以隶字释之，不可。（苏轼《天篆记》）

这个紫姑神却是男子，会写篆书，连苏东坡也认为"笔势甚奇"，"意趣简古，非墟落间窃食愚鬼所能为者"。于是"姑藏其书，以待知者"。把这个满腹文章的大文豪也唬住了，那又是怎么回事呢？东坡说："世人所见常少，所不见常多，奚必于区区耳目之所及，度量世外事乎！"他说的"世外事"，包括一切"不明物体"（如所谓UFO之类），紫姑神也是其中之一种。

## 四、紫姑神与闺女

直到近代，还有乡村妇女玩这种玩意。清末南亭亭长李伯元的《醒世缘弹词》有一段描写得很具体，有兴趣的人不妨也照办试做一下。

又是元宵佳节临，家家户户赛花灯。楼台歌管喧尘起，真个是灯月交辉不夜城。旧俗相传今不改，香闺迎下紫姑神。

相传到了如今，那些小儿女并不晓得紫姑之称，只说迎坑厕姑娘，祝词也与古不同了。迎的时候，香花酒果，摆设起来，用簸箕一个，倒合转，两个人端着，向坑厕边迎了来，放在桌上，箕头插上银针，针头放在米粉盘内，就是扶乩一样的法子。那针头居然自会转动，或者画花，或者写字，小儿女说得活灵活现。这日郑家小姐引了亲戚家的姊姊妹妹来，弄这玩意儿。

小姐拜了起来，另外两个人扶着箕头，半天不动，大家说是坑厕姑娘今日忙了，所以不来，还得要再祷一番。

娇娘又复跪尘埃，叩祷犹如捣蒜形，说道不灵真有应，针头忽地转盘心。

看那针头在粉盘内画了许多东西，第一次好像是牡丹，第二次长而方的一大块，竟是一口棺材式样，第三次许多花枝迎风招飐之象。大家看了也不解所谓。

人们直至今日，对这种现象也同样不解所谓的，还是耐心等候科学家给我们解答吧。

# 马神、狗神及其他

## 一、马明王和人马喀戎

《三国演义》写到关云长败走麦城，为马忠所擒，押至东吴被害之后，“坐下赤兔马被马忠所获，献与孙权。权即赐马忠骑坐。其马数日不食草料而死”。当关羽以后成为神圣，依然坐着这匹赤兔马。可以说，赤兔马从此也成为神了。

马中也有神吗？大概像赤兔马那种情况，可以说是有的吧。不过，中国历史上人们祭祀的马神，却不是赤兔马之神，而是管理马匹的神灵。这位神灵却早已出现。

对马神的崇拜，来历悠久，作为“十三经”之一的《周礼》就记载了“春祭马祖”。马祖是管马的神。有人说，二十八宿中的房宿，就是马神之星。所以唐人李贺的《马诗》说：“此马非凡马，房星是本星。”注引《瑞应图》云：“马为房星之精。”这个房星自然是马神，所以朝廷在春天祭它。《周礼》又说：“夏祭先牧。”先牧是最早的牧人，也许便是最早的养马人，此人是谁，无可稽考，只是意想中的神而已。又说：“秋祭马社。”马社是马棚中的土地神，亦即马的保护神，在地上而不是居于天上的。又说：“冬祭马步。”马步据说是对马有害的鬼，祭他使不为灾，也是收买坏人之意。可见古人对于保护马匹，使它繁殖，是认真花了功夫的。

《周礼》是儒家经典，后世一直信奉，祭马祖便沿用不衰。隋炀帝曾设坛专祭马祖。唐代四时都祭马神。宋代照例。明太祖在南京设四个坛场，只作春秋二祭，即只祭天上的马神和马棚的土地神。

除了朝廷规定祭祀，民间也供奉马神，那是出于北方少数民族的遗传。北方不少城镇，从前都建马王庙，据说最先是在河北定州，马王庙香火甚盛，每年六月二十三日便是马王诞辰，由州官亲自主祭，祭品照例是一腔羊，不用猪。由此也可以推测这是北方少数民族的遗风。

北京旧俗也是年年祭祀马王。《北平风俗类征》说：“马王者，房星也。凡营伍中及蓄养车马人家，均于六月二十三日祭之。”又说：“祭马王：凡营伍及武职有马差者，畜养车马者，均于二十三日以羊祭之。”

马王庙中的塑像，大红的脸，有四条臂膀，三只眼睛，形象狰狞可怖。神牌上写“水草马明王”五字。历史渊源虽不可考，但显然带上民间色彩。

西方自然同样有马神，最著名的是古希腊神话中的喀戎。据说喀戎是时间之神与海洋女神所生的。此神上半身为人形，人头人手人的上躯，下半却是马形，有四条马腿和尾巴，故又称为“人马”。此神善于吹奏乐器，骑马赛车，拳击搏斗，使枪射箭，并且精通医术，更奇怪的是能知过去未来。他与人无争，只是隐居授徒。他有许多著名弟子，如后来成为双子座星的卡斯托尔和波吕丢刻斯，前者是养马驾车的著名骑手，后者是举世无双的格斗英雄。又如希腊大英雄赫拉克勒斯（完成十二件伟绩的）、伊利亚特故事中的主角阿喀琉斯，以及金羊毛故事中的伊阿宋等等，都是他的门徒。死后他升为天上的星座，著名的人马星座（相当于中国的箕、斗二宿及天渊等星座）就是纪念他的。比起中国的马明王来，他是煊赫得多了。

马明王传说是王母娘的龙马，因无意中说了几句牢骚话，被多嘴的乌鸦告发，王母就贬他下凡。他倒也待马夫车夫们很和气。有一天，鲁班造了赵州桥，和张果老打赌，说桥是

汉代铜奔马

压不垮的。张果老却暗中把三山五岳都召来搭在他的驴背上，从桥上一过，险些把桥压垮，幸好鲁班用手托住桥身，只在桥面留下驴子的脚印。鲁班这才认出老汉就是仙人张果老，他恨自己有眼不识神仙，就把自己一只眼挖掉丢在桥边。恰好马明王经过，顺手把鲁班的眼睛捡起来，安放在自己的额头上。马明王三只眼，其中一只就是由此得来的。

## 二、守天门和守地狱的狗

天上有狗星，它的位置就在人马座之内，即二十八宿的斗宿和建星之间，是几颗五六等星，很不容易看见，所以也不著名。而天狗却是彗星之类，出入无常。

狗星是不是狗神上了天变成的，笔者没有考究，说不清楚。只知道汉朝刘安，是个崇信方士、喜欢炼丹的王子，他的封地在淮南，也称淮南王。淮南王受到汉武帝的妒忌，被杀了。方士们却说他是“兵解”，遗下躯壳，灵魂上了天。他家中的鸡和狗，吃了他留下来的仙丹，也都升上天去。那么，狗星是不是淮南王家里那只狗呢？史乏记载，无从肯定。

狗一向能守门，天上的狗是不是也把守着天门？

中国古时认为天帝居住的地方是有天门的，这天门又叫阊阖门。大诗人屈原在《离骚》中写道：“吾令帝阍开关兮，倚阊阖而望予。”这阊阖就是天门。懂得古天文学的人还可以告诉你，在帝和太子两星之南，左枢星和右枢星中间，有一块“空旷”的天空，就是阊阖门（左枢和右枢，西洋属天龙座）。屈原说的“帝阍”，就是把守阊阖的看门人。本来屈原是要到天上去参见天帝，可是这看门的倚在门前，眼瞪着他，硬是不让他进去。至于守门人之外，有没有守门的狗？屈原却没有说。

屈原不说，不等于没有，还是从古书里再找吧。果然，唐诗人李贺的诗里出现了守天门的狗。他在《绿章封事》诗中说：“青霓扣额呼宫神，鸿龙玉狗开天门。”显然天门是有狗把守的。除了狗，还有龙，可见守卫森严。但李贺说的“鸿龙”“玉狗”，有何来历，出自何书，注释家还考不出来，只好存疑了。

古希腊神话也有个狗神，名字叫刻耳柏洛斯，又译塞卜洛士。它不是把守天门，而是把守地狱之门。它有三个头，能够前后照顾，谁也逃不过它那全方位的小眼睛。据说它的任务就是只放鬼魂进入地狱，却不许地狱里有一个鬼走出来。古希腊人习惯把一块蜜糖制成的饼放在死者的棺材里，好让死者拿这蜜饼去讨好恶狗。希腊神话说，这三头的恶狗只有两次吃了亏，一次是擅长唱歌的俄耳甫斯用歌声把它迷住了，它终于沉沉大睡，因而失职。又一次是力大无穷的赫拉克勒斯费了好大的劲，才把它捆绑起来，完成最后一件功绩。

中国的玉狗守天上的门，希腊的刻耳柏洛斯却守地狱的门，这也许是中西思想文化不同之故吧。

中国有帝阍守天门，古罗马也有个守天门的人，叫雅努斯，每天早上由他打开天门，把阳光放出来，晚上关起天门便把阳光收回了。后来他又兼管人间的门户。在意大利，有些拱门就安上他的神像，正如中国人在门扇上画秦叔宝和尉迟恭那样。至于希腊，守天门的则是时序女神，名叫荷赖，她是宙斯的女仆，因此也掌管天门的开关。

假如关云长的赤兔马都能成神，淮南王的鸡狗也可以成仙，那么，毫无疑义，二郎神的哮天犬也一定成为狗神的。

中国是流行泛神论的国家，一树一木，一岩一石，都可以成为神。至于神的侍卫、仆从以及追随神的牛马犬羊，也全都变成了神。似乎这是理所当然。

《西游记》说太上老君的守炉童子逃下人间，兴妖作怪，因为在天上他也是神。《北游记》说关公的大刀从庙里逃出来，变成沙刀精，因为关王刀也成了神。《封神演义》里有七个妖怪，常昊是白蛇，吴龙是蜈蚣，朱子真是大猪，戴礼是狗，杨显是羊，金大升是牛，袁洪是白猿：它们死后都进了封神榜，受到姜子牙的封号，正式为神。这些都反映了泛神论的思想。所以中国历史上被封为神，被崇为神，被膜拜接受香火的大小群神，真是数也数不清。不过又大多数是旋兴旋灭的，比历代王朝还要短命。在这里，就不须花费笔墨去介绍了。

## 旱魃是什么怪物?

罗贯中原著、冯梦龙增补的《平妖传》，又叫《三遂平妖传》，是一部虽则谈神说怪却又趣味盎然的小说。作者以北宋年间河北王则起义为主线，中间穿插了许多短而有趣的故事，组织得颇为巧妙。其中有些故事，宋代已经在民间流传，如“灯花婆婆”便是；有些故事，在古书中早已记载，如精通剑术的越国处女与白猿交锋的故事便是；也有一些怪事，是作者的亲见亲闻，并非向壁虚构的。

此书第十七回，写道士张鸾浪迹江湖，四处寻求圣姑姑的踪迹。忽一日来到山东博平县，恰值此县连月大旱，县令张贴榜文，征求能施法降雨的能人。当时有个远方道姑前来揭榜，自称能弄法求雨。你道她弄的是什么法？书中写道：

她要离北门十里之外，择高阜处，建立雩坛，名为五龙坛，装成青、黄、赤、白、黑五色龙形，按方摆设。她行的是月孛之法，要各坊各里，呈报怀孕妇人的年庚，凭她轮算一个指称魃母，说腹中怀有旱魃，不由分说，教县里拿到坛前。这道姑上面坐着，指挥徒弟们鸣锣击鼓，喷水念咒。弄得这妇人昏迷，便将她剥得赤条条的，躺在一扇板门上，双脚双手和头发，共用五个水盆满满盛水浸着。一个仙官对了北方，披发仗剑，用右脚踏在她肚子上，口中不知念些什么言语。其余男女徒弟，也有摇旗的，也有打瓦的，纷纷攘攘，乱了一日。这怀孕妇人晦气，弄得七死八活，天上绝无云影，日色没了，只得散场。托言龙王今日不在家，明日管教有雨。教县主出三贯遮羞钱与那孕妇的丈夫，责领回去。到了第二日，又轮一个魃母，要拿到坛前行事。众百姓愤气不平，登时聚集起三四百人，丢砖头，掷瓦片，喊声如雷，要打死她师徒们。这奚道姑慌了，和她一伙改换衣服，从坛后逃走去了。

这段故事不是凭空捏造，而是神权时代经常出现的怪事，也是神权摧残妇女的惨事中之一种。

这种怪事是怎么个来历的?

早在原始时代，由狩猎转入农业社会，为了获得好收成，就不能不靠天吃饭。所以《尚书·洪范》说："八庶征：曰雨、曰旸、曰燠、曰寒、曰风、曰时。五者来备，各以其叙，庶草蕃庑。"若是天久不雨，威胁谷物收成，人们就以为天上有什么灾殃出现。这个灾殃的制造者，有个名字，叫作"旱魃"。

古代有一本《神异经》说：

南方有人，长二三尺，裸形，而目在顶上，行走如风，名曰魃。所见之国大旱，赤地千里。一曰旱母，遇者得之，投溷中，乃死，旱灾销也。

这就是古人心目中能制造旱灾的鬼怪。请注意，它是裸形的，眼睛长在头顶上。它又是女性，所以又叫旱母。把它拿住，要丢进粪坑里，把它淹死。

迷信的人自己制造了一个旱魃，于是在大旱之时，就认为是此物作怪，必须消灭它，才能致雨解旱。

但是怎样消灭旱魃呢？从哪里能把它抓来呢？

春秋时代《左传》有一段记载可以供我们参考：

夏天大旱，僖公要烧死巫人和仰面朝天的尪人。臧文仲说：“这不是办法。修城墙，节饮食，省费用，致力农事，劝人施舍，这是应该做的。巫和尪有什么本领。而且天要杀他，就不应生他，生下来你又烧死他，旱就更甚了。”僖公因此不杀巫、尪。

《礼记·檀弓》也有一段故事，说鲁穆公因天旱，要把尪晒在烈日下来求雨，大臣县子不同意，认为把个有残疾的人拉去曝晒是残虐的行为。穆公又打算晒女巫，县子也反对，认为拿个愚蠢妇人去晒也解决不了问题。

以上两事，都说明很久以前，曾把两种人说成是致旱的原因。“尪”是一种鸡胸的先天性患者，这种人身材矮小，胸骨突出，仰面朝天。巫则是拜神婆子。为什么偏是这两种人与旱有关，还不清楚。

不过，旱与妇女有关，除了称旱魃为旱母，以及把女巫指为致旱的人之外，还有一个神话可以为证。古书《山海经》有一条记载说：女丑生时，十个太阳并出，晒死了女丑。她是在一个山上出事的，后称此山为女丑之尸。还能看到女丑之尸在山顶，她用右手遮着脸孔。

这是妇女与旱有关的旁证。

迷信是人类一种顽疾。从春秋时代（或其以前）出现的焚巫、尪，直到明代仍然有晒孕妇的惨剧发生，足见有些人的愚昧，二千多年并没有多少长进。下面又是一段使人毛骨悚然的惨剧：

明末周亮工曾撰《因树屋书影》一书，其第四卷有一则云：

《高闾燕志》：太平十五年，自春不雨，至于五月。有司奏：右部王荀妻产妖，旁人莫觉，俄而失之。乃暴荀妻于社，大雨普洽。今中土大旱，辄谣某妇产旱魃，聚众捽妇，用水浇之，名曰浇旱魃。有借言恃众以和逞者，此恶俗也。

按，“太平”是北燕冯跋的年号，十五年即公元423年。周亮工以为此事是起于北燕，其实乃是自古已然。直到周亮工时，还见到所谓“产旱魃”的怪事。那么，《平妖传》那段描写，显然是明代的事实，并非小说家虚构的。

明人谢肇淛《五杂组》卷一有一则记载，却又不同：

昔人谓亢旱之时，上帝有命，封禁五渎，此诚似之。每遇旱，即千方祈祷，精诚惫竭，杳无其应也。燕齐之地，四五月间，常苦不雨。土人谓有魃鬼在地中，必掘出，鞭而焚之，方雨。魃既不可得，而人家有小儿新死者，辄指为魃，率众发掘，其家人极力拒敌，常有丛殴至死者。时时形之讼牍间，真可笑也！

迷信时代，许多事情都是不可思议的，既焚女巫，又晒孕妇，甚至把新死的婴儿也当作旱魃，要掘出来焚烧，那愚昧也真使人吃惊。凡是落后的社会，妇女儿童最容易受到无端的摧残，所以保护妇女儿童，乃是现代文明人的神圣责任。

# 阴曹的司法序列

——十八层地狱和十殿阎罗

谈起阎罗王，可谓无人不知。他是地府或地狱的一级专员，主管审判以及执法的。一个人死了，除非有资格登上天堂，或进入西方极乐世界，否则都要拘入地狱之内，接受阎王的审判。这些地下大员真是权威得很。

也许有人不知道，阎罗王并不是中国的“土特产”，却是道地的“舶来品”。他的祖籍在印度，以后才随着佛教东来而扎根在中土的。想不到来了之后，居然声名大振，很快就树立了坚不可摧的权威。不但佛教寺院有他的塑像或画像，大受十方香火，连道士也把他拉来，大肆推崇。在民间，他更成为劝善惩恶最有权威的神灵，其地位之崇高，不在佛祖或教主之下。

但我们还是先翻翻阎罗王的牒谱，看看到底是个什么来历。

在古代印度神话中，早有阳间和阴间，即人世和地狱之分。管人世当然是国王，管阴间的便是阎罗王了。阎罗，是古印度语的音译，也有人译作琰魔、炎魔、焰摩或阎摩罗的，若从意译，则是平等的意思。原来人们常说的“在法律面前人人平等”，早已在古印度的地狱条文中有了。阎罗王既是阴间的司法专员，自非号称“平等”不可的。

佛教既讲轮回，也讲平等。轮回是什么？简单地说，生必有死，死必有生，循环不息是也。佛门有句俗语：“欲知前世因，今生受者是；欲知后世因，今生作者是。”信佛行善的人，死后进入西方世界，或成菩萨，或轮回再世为富贵之人，即所谓“生天”“成佛”。至于那些不敬三宝（佛、法、僧）以及作恶的人，死后便入地狱受苦。那个管理地狱的最高主宰，即阎罗王，秉公办事，绝不徇私，故有平等王之称。慧琳《一切经音义》云：

此司典生死罪福之业，主守地狱八寒八热，以及眷属诸小狱等，役使鬼卒，于五趣中追摄罪人，捶拷治罚，决断善恶，更无休息。

《法苑珠林》则说：

阎罗王者，昔为沙毘国王，常与维陀如生王作战，兵力不敌，因立誓，愿为地狱王。其臣佐十八人，同立誓愿，协助阎罗，责治罪人。十八人即主领十八地狱者也。

佛典中设地狱的，说法分歧，有说十八层地狱的，有说八寒八热地狱的，也有说八大地狱的。地狱直译又称“泥犁”，现在且把八大泥犁介绍一下，让读者略知其内容：

一、等活地狱：罪人受磨捣之刑。

二、黑绳地狱：以绳索量身，按长短加以斩截。

三、众合地狱：把各种刑具一一加上，轮审受刑。

四、号叫地狱：使罪人痛苦不堪，发出惨烈号叫。

五、大叫地狱：比号叫又更进一步。

六、炎热地狱：罪人所到之处，火不离身，苦热难堪。

七、大热地狱：比火热又更进一步。

八、无间地狱：无休止地受各种刑罚之苦。此狱又名阿鼻地狱，是诸地狱中最低一层，专囚禁罪大恶极的鬼魂，使之永世不得翻身。

佛教徒竟能想出如此之多又如此惨酷的刑罚来，真使人有“匪夷所思”之感。但也许因为世间众生之中，确有穷凶极恶的人；而且社会越发展，犯案的人也越多，甚至发明什么毒气集中营、杀人竞赛之类，确有必要给予这种惩罚的。

为了照应这许多不同名色的地狱，后来有人觉得一个阎罗王不足应付，于是出现了十殿阎罗。本来只需一个平等王（或加上他的妻子，合成“双王”），如今便化身为十，各居一殿，以便于审理数之不尽的坏人以及犯罪之事了。

这十殿阎王又各有各的名号，不妨一发向读者介绍：

一殿阎王：秦广王，是佛中明王化身。专司人间寿夭生死，统管幽冥吉凶，殿中有孽镜台一座，让罪人照见自身罪恶，然后押解第二殿，发狱受苦。

第二殿：楚江王，如来佛化身。司掌活大地狱，凡在阳间伤人肢体、奸盗杀生者，即推入此狱，受刑后再押解第三殿。

第三殿：宋帝王，文殊菩萨化身。司掌黑绳大地狱，凡阳世忤逆尊长、教唆兴讼者，推入此狱，受刑后转押第四殿。

第四殿：五官王，普贤菩萨化身。司掌合大地狱，凡世人抗粮赖租、交易欺诈者，推入此狱。

第五殿：阎魔王，地藏王化身。司掌叫唤大地狱，凡解到此殿者，令其上望乡台，回忆往日罪恶，再发入诛心小狱，钩出其心。

第六殿：变成王，弥勒佛化身。司掌大叫唤大地狱及枉死城，凡世人怨天尤地，对北便溺涕唾者，发入此狱，刑满转解第七殿。

第七殿：泰山王，药师如来化身。司掌热恼地狱，又名碓磨肉酱地狱，凡世间取骸合药，离人骨肉者，发入此狱。

第八殿：平等王，观音菩萨化身。司掌大热恼大地狱，凡在世不孝者，发入此狱，再解交第十殿，改头换面，永为畜类。

第九殿：都市王，大势至菩萨化身。司掌阿鼻地狱，凡阳世杀人放火者，解到本狱，使其身抱热火铜柱，烧尽心肝，然后发往畜生道，永失人身。

第十殿：转轮王，阿弥陀佛化身。将各司解到鬼魂，分别善恶，核定等级，发往四大部洲投生，有变为胎卵湿生者，如虫蚁之类。在发放之前，令鬼魂先到孟婆神桌前，灌饮迷汤，使其忘却前生之事。

把阴曹一整套司法制度这样完整地建立起来，真可谓煞费苦心。它能收到警告阻吓作用吗？也许会的；不过，对于一些不怕天来不怕地、无法又无天的人来说，这毕竟是虚无缥缈的东西，对它报以轻蔑的一笑之后，他们又继续干他们的“盛业”去了。难怪社会学家、教育家和宗教家也常常发出无可奈何的叹息了。

# 《封神演义》是道家阴谋书

## 一、《封神》与《西游》各有偏袒

《封神演义》流传了三四百年，人们只知此书的作者叫许仲琳，但他的籍贯、身世、活动年代，至今却一无所知。从书中的情节，当然可以推测作者是个道士，或至少是对道教掌故相当熟悉的教门中人。因此，《封神演义》是借讲史为名，宣扬道家的灵迹，虽以武王伐纣为背景，而在台前表演的，却都是道教中的仙和神——长生不老的是仙，死后受封的为神。由于此书把历代帝王所封的神灵如五岳之神、星宿之神，和民间传说的神怪如屎坑三姑、招财童子等等全都网罗起来，又各各赋予他们以生动的形象，使他们血肉充盈、神彩奕奕，因此他们的事迹便广泛流传，深入民间，成为无人不知的显赫人物了。

明代社会，佛教和道教都已发展到晚期。两教的信徒们有互相斗争的一面，又有彼此利用的一面，既排斥而又融合，情况相当复杂。因为佛教的中国化已经接近于完成，而道教则是中国土生土长的宗教，两者的互为影响是不可避免的。

明代帝王大都倾向于信奉道教，道教势力有相当大的发展，但佛教传统深厚，影响力大，仍能保持势力。在这样的社会背景上，便出现了两部著名小说，一是《西游记》，另一便是《封神演义》。

《西游记》拥护佛教、轻视道教的倾向是很明显的，一看便知；《封神演义》是拥护道教的，和《西游》相反，是轻贬佛教。可是，《封神》的轻贬佛教却不似《西游》那样率直显露，它是使用阴柔隐蔽的手法，以达到扬道抑佛的目的。表面看来，《封神》没有一个字指斥佛教不好，但它却处处显示道教比佛教更早出现，资格更老，所以道教便更胜一筹。这是道教徒很早就使用过的“自占高位”的办法，不过《封神》作者更为巧妙罢了。

## 二、玉虚宫门人竟是佛祖前身

读者都会知道，《封神演义》中，最高无上的人物是洪钧老祖。洪钧有两种解释，一是“天”，一是“造化”。所以洪钧老祖是天或造化的人格化，即最原始也最高无上的神。他手下三个弟子，即太上老君、元始天尊和通天教主。前二者，书中认为是阐教中最高神灵；后者却是《封神》作者捏造出来的，书中认为是截教的教主。下面是阐教的十二大门徒，即太乙真人、玉鼎真人、广成子、赤精子，等等。再下面是

洪钧老祖

这些人的门徒，即杨戬、哪吒、黄天化、金吒、木吒，等等，是第四等级。

书中还有原属佛门中的佛和菩萨，有准提、燃灯佛、毘卢佛等。

书中还有既不入道又不入佛的散仙，如陆压道人便是。

本来，道教神仙自然属于道教，佛教的佛和菩萨则归入佛门。而《封神》的作者却有意偷龙转凤，把本来是佛或菩萨的佛家人物偷换成道教的门人，说这些人原都是道家出身，以后才转入佛门去的。

这一类人算起来不少。

在玉虚宫门下弟子中，有文殊广法天尊，有慈航道人，有普贤真人，有惧留孙。书中都说他们是道家神仙。其实，他们是真正的佛门菩萨，根本与道教无关。

还有哪吒和木吒，他们也是佛门中人，同道教也无关。

文殊广法天尊：他的原型是佛门中的文殊，又称文殊师利、曼殊室利，义译为妙吉祥（文殊是妙，师利是德是吉祥），俗称文殊菩萨。他和普贤菩萨一对，是释迦如来的左右侍从，文殊在左，普贤在右。这位菩萨头上结着五双髻子，表示五种智慧；手上拿着一口宝剑，便是慧剑；座下一只狮子，表示智慧的威猛。佛经中解释道："文殊乘狮子，以表智慧之勇猛；且文殊以所居清凉山有五百毒龙，为降伏之故也。"

普贤真人：他的原型是佛门中的普贤菩萨。此菩萨又译作邬输跋陀，或三曼多跋陀罗。他是佛门中理念的化身，和文殊的智慧成为一对。他是释迦如来的右胁侍者，常在释迦坐像右边，身骑六牙白象。在寺院的大雄宝殿中，他和文殊都是最显赫的菩萨。

慈航道人：则是人所共知的观世音菩萨。"慈航"原是慈悲普渡众生之意，由于观世音菩萨是大慈大悲的代表，所以世俗又称他为"慈航大士"。

惧留孙：佛经中称为拘留孙，又译作俱留孙、鸠楼孙。他是过去七佛中的第四佛，又是现在贤劫一千佛中的第一佛。拘留孙的意思是成就美妙，或灭累。佛经中对这个佛的出世，说法有分歧。照《佛祖统纪》说，在世界的现在住劫（即贤劫）中，有二十次增劫和减劫，到第九减劫时，开始有佛出现，这个拘留孙佛就是贤劫第九减劫中的第一佛，其次才是拘那含牟尼佛，再次为迦叶佛，又次即释迦牟尼佛。照此看来，拘留孙佛是最早的佛。

哪吒：在《封神演义》中是李靖之子，太乙真人的门徒。此人也在佛经中早已出现。本书《仙乎佛乎——有趣的哪吒》一文中有详细介绍，这里不须多说。

木吒：在佛经中可以找到“木叉提婆”其人。《大唐西域记》有《记赞》，记述玄奘三藏事迹云：“印度学人，咸仰盛德，既曰经笥，亦称法将。小乘学徒，号木叉提婆。大

太乙真人

乘法缘，号摩诃耶那提婆。斯乃高其德而传徽号，敬其人而议嘉名。”就是说，印度小乘教人称玄奘三藏为“木叉提婆”，乃是一个尊号。那么，《封神》的木吒很可能就是借用了“木叉”二字，从而造出一个普贤真人的弟子来的。

《封神演义》把上述这些佛门人物收入玉虚宫的门下，这还不算，更进一步，便说这些人后来转入佛门中去成为菩萨，以此证明佛教原是出于道教。第八十三回，当通天教主摆下万仙阵，阻挡周兵东进之际，太极阵中出现一个虬首仙，文殊广法天尊把他拿住，交由元始天尊发落，元始天尊命南极仙翁将虬首仙打出原形，原来乃是一只青毛狮子，剪头摇尾，甚是雄猛，于是元始天尊就将狮子赐与文殊广法天尊作为坐骑。跟着，两仪阵出现了灵牙仙，由普贤真人收伏，老子叫南极仙翁将三宝如意连击三下，灵牙仙现出原形，乃是一只白象，老子吩咐赐与普贤真人作为坐骑。随即，四象阵中又有金光仙出阵，由慈航道人抵敌，慈航道人又收伏了金光仙，这金光仙现出原形，乃是一头金毛犼，元始天尊又赐与慈航道人作为坐骑。

于是书中特笔大书道：

此乃是三大师收伏狮、象、犼。后兴释门，成于佛教，为文殊、普贤、观音三位大士。此是后话，表过不提。

在同一回中，龟灵圣母和惧留孙大战，书中特意写道："惧留孙乃是西方有缘之客，久后入于释教，大阐佛法，兴于西汉。"

照此看来，玉虚宫门下这四位仙人，竟然都是佛教的佛或菩萨的前身。那么，中国的道教先于西方的佛教，又高于西方的佛教，便很明显了。《封神》作者正是这样悄悄把佛教贬抑，把道教抬高。这种阴柔的手法是相当巧妙的。

## 三、道士竟是"西方世界"的创立者

《封神》作者立定一个宗旨：在周武王伐纣期间，道教早已确立，而佛教还没有形成。在书中，出现了传说的女娲

女娲

释迦牟尼佛

娘娘以及神农、伏羲等早期传说的人物，同时又出现了洪钧老祖、太上老君和元始天尊等教主。作者把这些神祇置于历史上的最高层，时间是最早的，以此来说明道教的崇高地位和历史位置。文殊、普贤、慈航、惧留孙是玉虚宫的门人，固然是一个“证明”，还有另外几个神祇或仙客，也早在佛教出现时就在东方的天界中出现了。

先说燃灯道人：

燃灯道人在书中出现是哪吒把李靖赶得上天无路入地无门之际。只见山岗上有一道人，让开李靖，拦住哪吒去路。哪吒不知他的厉害，竟向他一枪刺来——

道人跳开一旁，袖儿望上一举，只见祥云缭绕，紫雾盘旋，一物往下落来，把哪吒罩在玲珑塔里。道人双手在塔上一拍，塔里火发，把哪吒烧的大叫饶命。

待到哪吒发誓不再追杀，承认李靖是父亲，燃灯道人又把玲珑宝塔赐与李靖，使哪吒无法逞凶，这才去了。

燃灯道人在这里是居于“灵鹫山”的“贫道”，绝不是什么佛。其后他屡次出山，协助姜子牙，还收了羽翼仙即大鹏雕为徒。又把从他的玻璃油盏中逃出变成妖怪的马善——油盏的火所化，收回盏内。他虽不是阐教门人，却也是个道家之流。

其实在佛经中，燃灯也是一个佛。他比释迦如来出世更早。据《智度论》说：“燃灯佛生时，一切身边如灯，故名燃灯太子，作佛亦名燃灯。”又有佛经说他在世时，释迦名儒童，以五百金钱买王家女所持的五枝青莲花，又借两枝青莲花，以此奉献燃灯佛；又见地上泥泞，脱下身上皮衣铺在地上，皮衣不够铺地，又解散头发躺在地上，使佛足步过。为此，燃灯因授记曰：“此后九十一劫，名贤劫，汝当作佛，号释迦文如来。”

还有准提道人，在《封神》第六十一回出现时，“头挽双髻，身穿道服，面黄微须”，是个标准道士打扮。此人收留了凶恶可怕专吃生人的马元，说他“根行且重，与吾西方有缘”，把他带到七宝林下、八德池边，讲法修道。后来，准提又收伏了能撒五色光华无人能敌的孔宣——一只红色孔雀。以后又是大会诛仙阵，共破万仙阵，法力极高。此人到底是仙是佛，令人难以判断。因为书中既描写他是个道人，又说他在“西方教下”，“八德池边常演道，七宝林下说三乘，顶上常悬舍利子，掌中能写没文经”。一派佛门的玄机。

其实准提是六身观音之一，又称为天人丈夫观音，是禅宗极为敬重的菩萨，常现三目十八臂的形象。《封神》作者又把这个观音菩萨移过来，换教不换名，使他成为似僧非僧、似道非道的人物了。

此外，《封神》第八十二回在万仙阵出现的时候，有个通天教主门下的长耳定光仙，奉命掌管六魂幡，后来投向阐教方面。这个定光仙实是燃灯佛的别名，佛经或称“定光”，或称“锭光”。还有一个毘卢仙，小说说他也是通天教主门人，万仙阵破后，他投向西方，以后成为毘卢佛。又说有个蓬莱岛炼气士姓法名戒，善用妖幡拿人，失手被擒后，又被准提道人接去，说此人“后来在舍卫国化祁它太子，得成正果，归于佛教，至汉明、章二帝时，兴教中国，大阐沙门”。真是信口开河，随意发挥，和宗教历史毫无关涉。

《封神》的作者就是使用这些手段，把道教拔高，把佛教压下去。请看，菩萨原是道教的门人，佛也是道教的门人，所谓西方极乐世界，是由道教开辟，又由道人主掌的，只是到了后来，这些道人才成为佛教的祖师而已。

我们把《封神演义》这些章节和《西游记》的某些章节——例如车迟国、乌鸡国、灭法国——对照着看，是很有趣的。

## 四、《化胡经》的新版

道教在后汉时形成一种宗教，佛教也正在这时传入中国。两种宗教教义完全不同，一开头就处于对立状态，展开激烈斗争。后汉桓帝时，有个叫宫崇的道士，就向朝廷上书，其中说：“或言，老子入夷狄为浮屠。”意思说，佛教的出现，远远迟于道教。佛教是老子出关去西方后，才在西方建立佛教。这是道教以老子为名压低佛教的开始。到了东晋，便有个叫王符（一说是王浮）的人，写了一本《老子化胡经》，把老子进入印度建立佛法的话说得更神了。由于此书极力贬抑佛教，引起佛教徒的强力反对。到了唐代，此书曾被焚毁，在《正统道藏》中已经失传，清末在敦煌石室中发现了此书的残卷，仅得卷一和卷十。

《南齐书·顾欢传》有几句话，很可以窥见《老子化胡经》说的是什么：

道经云：“老子入关，之天竺维卫国，国王夫人名曰净妙。老子因其昼寝，乘日精入净妙口中，后年四月八日夜半时，剖左腋而生，坠地即行七步。于是佛道兴焉。”此出《玄妙内篇》。

这是顾欢《夷夏论》所引用的，道士们为了抬高自己，杜撰了这番无稽的话。它虽在民间影响不大，在道教内部却是颇引为得意的。

《封神演义》的撰写，从本质来说，可说是《老子化胡经》的新的一版。但此书比《化胡经》更为巧妙，影响也更为巨大，在上面的介绍中，已经不难看出了。

我们说，《封神演义》是一部神魔小说，同时又是一部暗行“反客为主”诡计的阴谋书，不知读者同意否？

# 落魂阵与钉头七箭书

## ——关于巫蛊与魇魔的历史观察

### 一、中国巫蛊术的出现

《封神演义》第四十四回，写姚天君在落魂阵内，筑一土台，设一香案，台上扎一草人，草人身上写“姜尚”名字；草人头上点三盏灯，足下点七盏灯——上三盏名为催魂灯，下七盏名为促魄灯。姚天君披发仗剑，步罡念咒于台前，发符用印于空中，一日拜三次，把姜子牙拜得三魂去了二魂，七魄去了六魄。后来幸得赤精子冒险深入阵中，抢走草人，才救了子牙一命。

到了四十八回，又写峨嵋山罗浮洞有个道人赵公明，下山协助闻太师，征伐西岐。这赵公明法力甚高，又借来了云霄娘娘的金蛟剪，先与燃灯道人交战，放金蛟剪把燃灯的梅花鹿座骑一剪两断。于是昆仑野人陆压下山，施用“钉头七箭书”法：在岐山立一营，营内筑一台，扎一草人，上书“赵公明”三字，头上一盏灯，足下一盏灯，由姜子牙自步罡斗，书符结印焚化，一日三次拜礼。连拜三五日，把赵公明拜得心如火发，意似油煎，走投无路。到了二十一日，陆压取出一张小小桑枝弓，三只桃枝箭，子牙第一箭射中草人左目，闻太师营中的赵公明大叫一声，闭了左眼；子牙第二箭又射草人右眼，第三箭射入心窝，赵公明遂惨死于汤营病榻之中。

后面这个离奇故事，有人考出它的来历，乃是出于《太公金匮》。此书说，武王伐纣时，丁侯不肯来朝，意在反周。姜尚于是画了丁侯形象在简策上，三旬射之。丁侯果然大病，向占卜先生问其原因，先生说："周朝有人作祟。"丁侯大惊，乃遣使者至周，愿举国臣服。于是姜尚"乃以甲乙日拔其头箭，戊己日拔其腹箭，庚辛日拔其股箭，壬癸日拔其足箭"，丁侯即时痊愈。《封神演义》的"钉头七箭书"，正是由此取材的。

中国古代巫术中，有一种叫巫蛊之术，后世叫作魇魔法。《红楼梦》第二十五回，马道婆用剪子剪成两个纸人，把宝玉、凤姐的年庚八字写在上面，又剪了五个青面鬼，并在一处，拿针钉了，然后作法，使宝玉、凤姐突然患了五鬼症，弄得荣国府沸反盈天，就是这一种。

巫蛊术很早就已出现。《史记·封禅书》有一段话，记载了周灵王时候，有个叫苌弘的人，会弄这种法术。那时周室衰微，灵王无道，诸侯不肯朝周——

苌弘乃明鬼神事，设射狸首。狸首者，诸侯之不来者，依物怪欲以致诸侯。诸侯不从，而晋人执杀苌弘。周人之言力怪者自苌弘。

这段话大意是说，苌弘使用“射狸首”这种巫术，威胁那些不肯来朝的诸侯，不料这种巫术没有效验，诸侯依旧不肯来，结果，苌弘反被晋人拿去杀了。但他的巫术又被周人学了去，继续使用。

“射狸首”分明也是陆压的“钉头七箭书”之类，它同姜尚射丁侯的传说有一脉相承的关系，乃是古老的巫术之一种。

其实这种巫术，许多民族都有过。《史记·酷吏列传》说郅都是个专门惩罚打击不法的皇亲国戚的“酷吏”，列侯宗室见了他都侧目而视，骂他是“苍鹰”。他因得罪窦太后，汉景帝便派他去雁门做太守。雁门迫近匈奴边境，匈奴人听说他来了，吓得远远离开。为了要害死郅都，匈奴人特地立了个木偶人，活像郅都的样子，叫骑兵连番射这木偶，据说总是射不中他。这故事看来不会假，古老的民族本来就很相信这种整治敌人的魔术的。射本人和射狸首不是十分相像么！

## 二、汉代的“戾太子事件”

在中国历史上，震动全国、死人最多的一场巫蛊之祸，发生在汉武帝年事已高、越来越糊涂的晚年。

原来汉武帝相信方士的鬼话，妄想炼丹求仙，长生不老，因此各地的方士、神巫都云集京师，大肆活动。其中有些女巫，出入皇宫，装神弄鬼，教宫嫔们在室中埋藏木偶，说是可以消灾避祸，许多妃嫔宫女都照办了。日子一久，就生出谣言来，说这是一种阴谋害人的勾当，彼此互相揭发，弄得人心惶惶。武帝年老多病，性又多疑，听说宫中发生这事，便以为有人对自己不利。恰巧有个叫江充的坏蛋，受到武帝宠信，这人和太子刘据一向有仇，此时便立意陷害太子，假说皇宫内妖气甚盛，正是有人埋藏木偶，用魇魔之术加害皇帝。于是武帝授以查治巫蛊的大权。江充乘此机会，在皇宫中到处去发掘，居然掘出不少木偶人，使武帝完全相信。江充便说太子宫中也有妖气，带领一班人马，其中还有个西域巫师，直入太子宫中，居然掘出个桐木偶人，还有什么符咒之类。

埋木人

吓得太子魂飞魄散，连忙向师父石德问计。石德教他先把江充逮捕起来，严加审讯，弄清情况。此时武帝在甘泉宫避暑，太子情急，就私自下令调集兵士，拘捕江充，把他杀了。当时丞相刘屈氂留京，听说有人造反，立即发兵，和太子的部下在长安展开巷战，双方死伤达数万人。太子兵败逃亡，官兵追捕甚急，太子自知不免，自杀而死，太子有三男一女，同时遇害。事后反复调查，不但太子是无辜的，其他许多因巫蛊案件而受害的人，也都是无辜的。汉武帝此时追悔，已经来不及了——此事史称“戾太子事件”。

戾太子事件的教训是深刻的，此事的主要责任者，其实正是汉武帝。若不是他本人狂热地迷信方士与巫术，整个长安绝不至于闹到如此乌烟瘴气，所谓巫蛊事件也就不至于扩大到无可收拾的地步。数以十万计的冤死者是应该向这个“雄才大略”的“英主”索命的。

当然，巫术有它的思想上和社会意识上的深刻原因，汉武帝的巫蛊之祸绝不能使巫术从此消失，它仍在若明若暗之中施展毒手，戕害无辜。

## 三、争夺帝位与巫蛊的关系

这里再谈几件也是震动全国、牵涉宫廷的巫蛊大案。

其一，宋文帝与刘劭：

南朝宋文帝的长子刘劭，本已立为太子，甚见宠爱，不料却听信女巫严道育的鬼话，想早日登基，便刻玉为人形，肖他父亲模样，加上些古怪事物，埋在含章殿前地下，促其父王早日死亡。此事不久便被人告发，宋文帝知道，大为震惊，派人严查，果然发现几百份咒诅巫蛊的文字，以及埋藏的玉人。刘劭把一切罪过都推到手下人身上。宋文帝终是爱惜儿子，亦不深责。过了不久，文帝又发现女巫严道育照旧追随在刘劭左右，才大为震怒，决定废除这个太子。刘劭得人密报，连夜召集手下兵马，直闯皇宫，把文帝杀死，宣布自立为帝。

这个弑父的刘劭当然没有好下场，不久便被起义军擒获诛死，史书上谥他为“元凶劭”，算是及身得到了报应。

其二，隋文帝与杨秀：

隋文帝晚年，宫廷中又发生了巫蛊事件。原来他有五个儿子：长子名勇，次子名广，三子名俊，四子名秀，五子名谅。杨勇被废。杨广立为太子。杨俊被崔妃下毒，不久去世。杨秀封为越王，统治西蜀，为人颇有胆略，娴习武艺，因而大受杨广的嫉忌。杨广于是与杨素密谋，暗中刻一木偶人，上写杨坚、杨谅的名字，缚手钉心，埋在华山脚下。趁文帝把杨秀征还京师的机会，由杨素掘出木人，告发他悖逆大罪，于是杨秀被废为庶人。隋文帝下诏历数杨秀之罪，有这样一段话：

汉王（即杨谅）于汝，亲则弟也，乃画其形象，书其姓名，缚手钉心，枷锁扭械，仍云请西岳华山慈父圣母神兵九亿万骑；收杨谅魂神，闭在华山下，勿令散荡。我之于汝，亲则父也，复云请西岳华山慈父圣母，赐为开化杨坚夫妻，回心欢喜。又画我形象，缚手撮头，仍云请西岳神兵收杨坚魂神。如此形状，我今不知杨谅、杨坚是汝何亲也？

这又是一件借巫蛊来陷害政敌的严重事件，与戾太子冤案如出一辙。

其三，康熙帝与允礽：

允礽是清圣祖的次子，未足二岁便受册封为太子。此人熟读诗书，娴习弓马，本有继承大位条件，不料其后行为不检，史书上说他“暴戾慆淫，畅所欲为，恶名甚至远播海外”。康熙四十七年（1708），圣祖遂下诏革去允礽王爵，圈禁府内。过了几天，圣祖忽对群臣说：“允礽种种举动，竟类狂易之疾，似有鬼物凭之者。”开始怀疑允礽受人暗害。过了一个月，允祉便向父亲告发，废太子系中喇嘛僧人的镇魇术而引起疯颠的，圣祖于是释放允礽。到了次年二月，又下诏道：

皇太子允礽前染疯疾，朕为国家而拘禁之。后详察被人镇魇之处，将镇魇之物俱行掘去，其事乃明。今调理痊愈，始行释放。朕将此情由，俱行朱笔书出，详悉谕诸大臣。

由于查出用巫蛊暗害允礽的人，乃是庶出的长子允禔，圣祖遂将允禔加以圈禁，而复立允礽为太子。不料三年之后，圣祖又发现允礽“狂疾未除，大失人心”，再次把他废了。

以上几件，都是震动全国的宫廷大案，史书上写得明明白白。其实史上失载的或次要的巫蛊案件和不为外人所知的阴谋，还不知有多少。二三千年来，这些妖术就像幽灵一样，无时无日不在宫廷内和富贵人家中飘忽游荡，伺机搏杀，不知屈陷了多少无辜的人，同时又使不逞之徒自食其恶果。

埋藏一个木人，念诵一些咒语，就能使一个活人致病或致死，笔者是绝不相信的。这其实是一种非常原始、手法十分低劣的巫术，头脑稍为清醒、多少有些知识的人都不会信以为真，尽管有些神魔小说如《封神演义》把此事写得神乎其神，终究不过是小说家的玩意而已。同是神魔小说，吴承恩的《西游记》就不曾让唐僧受此苦难。看来吴承恩也认为这种伎俩卑不足道，不值一提。奇怪的倒是《红楼梦》以写实著称，有人誉之为现实主义的杰作，书中却写了马道婆的巫蛊之术，刻画入微，大有灵验，难道曹雪芹也相信这种骗人的把戏么？

# 土行孙论

土行孙是中国神魔小说中独一无二的形象，是作者许仲琳天才的创造。

在古人的幻想中，驾一道彩云，逍遥来去；长一对翅膀，有如鸟飞；翻一个筋斗，十万八千里；甚至用土遁、水遁的办法，一下子走得很远；用神行太保的办法，走得飞快；用缩地术，瞬息百里，如此等等，古人早就想出来了。可是，在地面之下，不管是泥土还是岩石，人都能通行无阻走来走去，钻进钻出，仿佛那些土石就是空气，感觉不到任何障碍。这种大胆的想象，只是到了《封神演义》才出现，而且表演得淋漓尽致。

这种“妙想地开”比“妙想天开”更加不可思议，也是事实。二十世纪，人们早就飞翔高空，登上月球，还乘太空船作亿万里的绕地漫游；可就是对地下的泥土石头，简直毫无办法。建一条隧道不知要费多少工夫，日本有一条穿过海峡的隧道，运用现代化手段，也建了二十年，其艰巨可想而知。

直到如今，土行孙仍然是令人羡慕以及可想而不可及的人物。即使是最大胆的科学家，还想不出什么办法，稍稍向他的本领靠近。

## 一、他是个没有半点“神光”的俗人

土行孙这人物的创造，当然受到古代神话的启发和暗示。那便是一向流传、深入人心的土地爷爷。土地爷爷是土生土长的神，他平时不在人间活动，似乎是藏到泥土里面。他怎么生活的，谁也不知道。若照《西游记》的说法，那么，他每当孙行者大发脾气的时候，就会从地底钻出来，向他报告地方上的妖魔情况。不过也仅此而已。《西游记》没说他会在地底下横冲直撞地行走，也没有说他会同妖精打仗。土地爷是个有影无形的虚幻的神灵，不是活人。任何一个读者对他都不会引为同类。

《封神演义》作者的本领，就在于塑造了一个像土地爷那样同泥土石头打交道却又不同于土地爷的人物。他有血有肉，七情六欲俱全，是个活人而不是神。他干的都是人的事情，想的都是人的想法，只不过他有穿行地下的本领而已。因此，读者都承认他是同类。他的一举一动、一胜一败、一死一生，都能牵动读者的心灵，这是任何山神土地都办不到的。

小说作者塑造这个人，好就好在没有硬加上去的“神光”。哪吒在书里算是写得成功的，仍然少不了神光，土行孙却没有。可以说，土行孙平凡得就像一块泥土，除了他那地行的本领，便毫无半点与世间俗人不同的地方。

第五十二回，他被申公豹发现的时候，申公豹说他只能修个人间富贵，他就问：“怎能得够？”申公豹举荐他到邓九公处，他就一口答应。申公豹叫他去偷师父的捆仙绳，他就真个去偷了来。他不但修道成仙的心没有，连分辨是非的心也是很淡薄的。到了邓九公麾下，邓九公瞧不起这个身长四尺的矮子，勉强派他一个督粮官，他不计较。及至邓九公阵前失利，他便夸口了：“当时主将肯用吾时，如今平服西岐多时了。”好个说大话不脸红的家伙。及至擒了哪吒、黄天化，他更大言不惭：“元帅早用末将，子牙已擒，武王早缚，成功多时矣！”哄得邓九公满心欢喜，一时失言，说要把邓婵玉许配与他。土行孙一听，高兴得一夜不睡。次日，再祭捆仙绳，连姜子牙也捆了。他本是惧留孙的门人，却从不理会师父是扶助周家的，只爱想他的人间富贵和娇妻，十足一个浑沌的家伙。

为了早日完成大功，他还提议夜入西岐，杀了武王、姜尚，“眼下成功，早成姻眷”。于是凭藉他的地行术进了西岐。幸运之神好像要成全他，居然把个假武王杀了。于是，一场好戏随即开演：

只见宫妃尚闭目鼾睡不醒，土行孙看见妃子脸似桃花，异香扑鼻，不觉动了欲心。乃大喝一声：“你是何人，兀自熟睡？”那女子醒来……土行孙原是一位神祇，怎忘爱欲，心中大喜：“也罢，若是你心中情愿，与我暂效鱼水之欢，我便赦你。”女子听说，满面堆下笑来，百般应喏。这一来，这矮子便上了杨戬的当，“那女人双手反把土行孙搂住一束，土行孙气儿也叹不过来”，只好束手就擒。

你看，土行孙才进汤营没几天，他那贪嗔痴爱便已表露无余。若不是杨戬一个疏忽让他挣脱了遁地而走，他在军中的“英雄业绩”就算从此完蛋了。

## 二、姜子牙怎样使用土行孙

惧留孙下山，土行孙无地可钻，终于归了周室；又由于月下老人的照顾，命定他和邓婵玉结成夫妇，土行孙算是了却一件凡夫俗子不可免的“人生大事”。但此后他就长期做了姜子牙麾下的运粮官，没有担任先锋作战。

大抵土行孙吃亏在生得矮小，先就没有做将官的威风；再则他除了地行术之外，更没有其他本领；他师父收回捆仙绳以后，他手上连一件宝贝也没有，在仙佛道三教齐会中，这也是很吃亏的；由于他身材矮小之故，他的唯一兵器宾铁棍的分量也很有限，常只能朝敌人的下三路捞几下，无法置敌人于死地。有这许多缘故，所以土行孙在运粮交纳之余，虽也上阵几次，耍耍棍花，却都是输的多赢的少。例如专吃人的马元，土行孙同他交战，打了七八棍，不着要害，反被马元在脑后伸出神手，一把抓住，望地下一摔；又和陈奇对阵时，陈奇对着他把嘴一张，喷出一道黄气，土行孙站立不住，一跤跌倒，被飞虎兵拿去了。虽然每次都逃得性命，也还是“败军之将，不可以言勇”。

本来土行孙有这种奇术，姜子牙大可利用他潜入敌营，进行刺杀，像他要杀武王那样，岂非省却许多阵前征战？无如姜子牙认为这种暗杀手段，全非正道，一次都没有叫他用上。这都是姜子牙光明正大之处，不可不大书一笔的。

姜子牙不许土行孙施用暗杀手段，是有证据的。第七十五回出现扶汤的一气仙余元，此人坐下五云驼，四足能腾起金光，如云霓缥缈而去。土行孙看见，就起心去盗这五云驼。他却不敢禀报姜子牙，私自从地下径入汜水关。“将宾铁棍执在手里，来打余元，照余元耳门上一下，只打得七窍中三昧火冒出来，只是不动；复打一棍，打得余元只不作声。”土行孙无法，只好盗了他的五云驼。谁知早被余元料中，一下子把他抓住，装进如意乾坤袋，放起一把火来，要把他烧死。这一回又是七情六欲让他陷入灾祸。幸而惧留孙赶到，把他救出。姜子牙知道此事，气得下令将他斩首，又亏了惧留孙说情才把他留下来。

只有一件，姜子牙用上他的地行术。那是周兵被阻临潼关，汤营的邓昆、芮吉有意投降，却又不得其便之际。姜子牙叫土行孙潜入关中，打探动静。土行孙在地下听到邓、芮二人暗中议论归周之事，替他们传递信息，破了白骨幡，杀了卞吉，算是土行孙立了“地下之功”。

## 三、张奎与土行孙之死

令人意想不到的是，姜子牙兵临渑池县，守城的张奎竟然也通晓地行之术，而且那本领比土行孙更高一筹，土行孙在地下每日只行一千里，张奎却能日行一千五百里。

这张奎却不像姜子牙，他一下便同意妻子高兰英的献计，要从地下潜入周营，杀了武王君臣。这一回和上回土行孙遇见杨戬又有不同，张奎才到周营辕门，便被巡营的杨任看见。杨任眼眶里长出两只手，手心里有两只眼，上看天庭，下看地底，就如照妖镜一般把张奎照住。张奎无法下手，只好恨恨而回。

《封神演义》作者塑造一个土行孙，原是成功的，不料又写一个张奎也通晓此术，却未免有点画蛇添足。到底是为了反衬姜子牙不肯用这种暗杀手段，以显他的光明正大，还是为了让土行孙“归神”，才特意如此写的？作者的用意颇难捉摸。若是为了前者，则只须从旁交代一句便可；若是为了后者，则土行孙之死，尽有许多可以着笔之处。古希腊神话有个安泰，又叫安泰俄斯，他的母亲是地神，他只要身体不离开自己的母亲，从那里吸取新的力量，就会是不可战胜的；后来，力大无穷的赫拉克勒斯知道他这个秘密，同他角斗之时，把他举在空中，终于把他扼死。这个例子，正可以移用到土行孙身上，何必又弄出个张奎来送土行孙上封神台呢？

写到这里，笔者忽然想起，是不是作者为了显耀杨任那双无所不窥的神眼，才有意写张奎的地行术呢？因为杨任下山以来，从未运用他的神眼立过功，于是特别写张奎的行刺，以此来为杨任的本领补上一笔吧。

小说家为了文字上多些情趣，往往把很不相衬的一双男女，硬是撮合成为夫妻。《水浒传》先是写了武大郎和潘金莲，酿成惨剧；续后又写了一丈青扈三娘和矮脚虎王英一对，也无非使人觉得好笑罢了。《封神演义》的土行孙和邓婵玉一对，也是一高一矮，相映成趣。还有，《水浒传》第一百十七回，写王英和扈三娘在清溪迎敌郑魔君郑彪时，郑魔君弄法，“就

巾帼不让须眉的扈三娘

头盔顶上流出一道黑气来，黑气之中，立着一个金甲天神，手持降魔宝杵，从半空里打将下来”。王矮虎吃了一惊，被郑魔君一枪刺死。一丈青为了替丈夫报仇，奋身去救，又被郑魔君摸出一块金铜砖，将一丈青打死。夫妻同时捐生。《封神演义》第八十七回写土行孙死于张奎之手后，邓婵玉与高兰英交战，被高兰英用太阳神针射住双目，无法见物，被高兰英一刀挥于马下。也是夫妻同日战死。《封神演义》虽然奇思异想颇多，使人眼花缭乱，但在这段叙述上便未免有蹈袭之嫌了。

土行孙的塑造毕竟是成功的。《封神演义》神仙妖怪之多，任何一部古典小说都比不上。就在满天神佛杀伐连天之际，一股清风吹来，土行孙这个活生生的非佛非仙非妖非魅的真的人出现了。此人很平庸，很俗气，又很有人情味，是书中少有的像个凡夫俗子的人物。只有他，才把书中许多虚无缥缈的东西打扫了一下，拉回到人间，让人觉得凡夫俗子的土行孙，竟然是自己感到最亲切最喜欢的英雄人物。这就是作者的成功了。

土行孙这个地行仙的本领，什么时候才能在科学家手里如法炮制，使它成为现实呢？

# 与杨戬无关的二郎神

## 一、李冰化牛斗江神

二郎神实在是来历最复杂的一个人物。在佛经中找不到他的名字，在道教中他又是不见经传。他乃是长期以来，在民间的神话故事中通过种种分合附会，然后才在神怪小说中比较地固定下来的。真是说来话长，要从二千年前谈起。

《太平御览》引《风俗通义》佚文说：秦昭王平蜀后（约当公元前三百年），派李冰做太守。当时成都有两条江水。江中有一神灵，每年要老百姓献出两个童女做江神的妻子，还要花一大笔钱。李冰知道后，便说："不要另外找人了，我有女儿，可以奉献。"到了江神娶妇那天，李冰把女儿打扮起来，送到江边，声言把女儿送进水里。于是万民聚集。李冰走到神像跟前，祝祷道："下官得与神灵做亲，十分荣幸，请喝我这杯敬酒。"便举杯送到神像面前，过了许久，那杯酒依然泛满。李冰厉声道："江神轻视我，不肯喝我的酒吗？我就不客气了。"铮一声从腰间拔出剑来，转眼就不见了。过了不久，大家看见有两头青色大牛在岸边拼死角斗，总是不分胜负。忽然其中一牛现出人形，便见李冰遍身汗水，走回庙前，对官属说：“你们要助我一臂之力。看到腰间有白色带子的，那就是我。”于是又化为青牛，再去角斗。主簿提起利剑，趁两牛格斗不下之际，飞剑刺中那头身上没有白带的牛，那牛大吼一声，倒地而死。原来它便是江神的化身。自此以后，成都水患解除。老百姓为了纪念李冰，便在灌江口建立庙宇，作为纪念。

这座庙宇开头是不是叫二郎庙呢？很难考究。因为二郎庙是很久以后才见于记载的。南宋时，记录朱熹平日讲学的话，有一本《朱子语类》，其中卷三有一条说：“蜀中灌口二郎庙，当是因李冰凿离堆有功立庙。今来现许多灵怪，乃是他第二儿子……”这是提到灌口二郎庙较早的记载。

不过也有人说，所谓“二郎”，不是李冰的第二儿子，乃是李冰和他的儿子对治水都有功，所以合称二郎。这又是一说。

## 二、二郎神勇擒恶龙

以后关于二郎神的民间传说就多起来。其中有一则故事较为有趣：

李冰担任蜀郡太守，他那儿子二郎随同赴任。因为连年水患，李冰便派二郎出外清查原因。二郎跋山涉水，到处找寻，由秋到冬，由冬到春，走了许多地方，问了许多人，都不知道水患的来由。忽一天，他正在密林中查踏水踪，林中忽然闪出一头吊睛白额大虎，直向二郎扑来。二郎弯弓搭箭，向虎射去，那虎便倒地而死。二郎正要割下虎头，林中忽又闪出七个人来，各持刀枪弓箭，原来却是追捕猛虎的猎人。他们见二郎如此勇猛，十分敬佩。问起他到此缘由，便答应同二郎一起，查勘水患根源。他们一行人来到灌县城边一条小河，听见茅屋内有妇人哀哀痛哭，进去一打听，原来此地有一孽龙作怪，当地人要把她的儿子拿去祭祀龙神。于是几个人商量擒龙之计。到了祭祀那天，二郎手持三尖两刃刀，同七个猎人埋伏在神座之下，等候孽龙出现。入夜以后，狂风暴雨蔽空而来，便见一条巨龙出现，要攫取坛上祭物。二郎和七猎人一齐跃出，力战恶龙。庙外助战的丁壮人等也擂鼓助威，喊声震天。恶龙胆怯心惊，逃入水中。二郎也追入水中，恶龙又逃到岸上，岸上七友又截住搏杀，终于把恶龙擒住，用铁链把它锁在深潭中，并建伏龙观加以镇压，自此永无水患。

这段故事不知起于何时，也无法考究。

## 三、赵昱的神怪故事

但是，历史上又有一个不是姓李的二郎神，这个二郎神一样赫赫有名，事迹流传于民间。

据宋代王铚《龙城录》载：隋朝末年，赵昱为嘉州太守，时犍为县（在四川）潭中有老蛟为害。赵昱率令甲士千人，夹江打鼓吹号，搜寻老蛟。当发现这恶物时，赵昱便持刀投身水中，亲自与蛟搏斗。只见江水尽赤，石岸半崩，又闻吼声如雷。未几，赵昱手持蛟头，跃出水面。州人顶戴，奉为神明。不久，天下大乱，他便潜身远去，不知所终。有一次，嘉陵江水涨溢，州人祝祷神灵之际，只见赵昱在云雾中骑一白马，在水面上扬鞭而过。州人欢呼礼拜。后来便在灌江口立庙祭祀。

这个姓赵的二郎神，在元人杂剧中也有出现。有个《二郎神醉射锁魔镜》的戏剧，一开头就有二郎神出场。此神自报家门道：

吾神姓赵名昱，字从道，幼年曾为嘉州太守，嘉州有冷源二河，河内有一健蛟，兴风作浪，损害人民。嘉州父老报知吾神，我亲身仗剑入水，斩其健蛟，左手提健蛟首级，右手仗剑出水。见七人拜降在地，此乃眉山七圣。吾神自斩了健蛟，收了眉山七圣，骑白马白日飞升。灌江人民就与吾神立庙，奉天符牒玉帝敕，加吾神为灌江口二郎之位、清源妙道真君。

二郎神

这段自白，同上面那《龙城录》的记载，如出一辙。这是在李冰之外的又一个二郎神。

元人杂剧中还有一本《灌口二郎斩健蛟》，正是敷演赵昱斩蛟的事，剧中结束由院主宣布云："二郎，加你为清源妙道二郎真君。以下神将，都着授封神位。您听者：统领天兵斩健蛟，二郎神圣显英豪。跨骑趁日白龙马，手掿三尖两刃刀。嘉州黎庶遭涂炭，冷源河内起波涛。天兵怒战邪魔怕，山精野怪尽难逃。健蛟斩首除残害，民安国泰胜汤尧。"便可知此剧的内容大要了。

## 四、蜀主孟昶也是二郎神

《古今图书集成·博物汇编·神异典》第四十六卷有一条说："二郎神，衣黄，弹射，拥猎犬，实蜀汉王孟昶像也。

宋艺祖平蜀，得花蕊夫人，奉昶小像于宫中。艺祖怪问。对曰：此灌口二郎神也，乞灵者辄应。因命传于京师，令供奉。盖不忘昶以报之也。”

这个记载有两点值得注意：一是二郎神的哮天犬在此出现（李冰和赵昱的故事中都没有），一是二郎实则是孟昶的肖像。

孟昶是什么人呢？原来五代十国时期，孟昶父亲孟知祥，自立称帝，国号蜀，史称后蜀。孟昶是第二代皇帝。此人是个典型的公子哥儿，喜欢骑马，打球，又好房中术。有一年，大宴群臣，戏班正在排演灌口神和二龙战斗的戏，忽然天昏地暗，大雨下雹，江水大涨。锁龙的地方铁柱摇撼，大水灌入成都，溺死五千多人。（《十国春秋》卷四十九）后来宋太祖（即艺祖）兴兵灭了蜀国，孟昶成为俘虏，他的爱妃花蕊夫人也被宋太祖留在宫中。

按照上述那段记载，那么，所谓手执弹弓、猎犬追随的二郎神，便竟然是这个孟昶的画像了。

《西游记》的二郎神和《封神演义》的杨戬，既有哮天犬，也有弹弓和金丸。《西游记》是二郎神和孙悟空作战的时候，《封神演义》的金丸，是迟到第八十九回杨戬和常昊作战时出现过。原来此中也有孟昶的影子。

# 逐步描成的杨戬

读过《封神演义》的人，对哪吒和杨戬都印象深刻。书中写哪吒出世那一大段书，极为生动，也很有人情味，是中国神魔小说中不可多得的章节。可是，另一个同哪吒一样英勇、立下大功，最后又同哪吒一齐“肉身成圣”的杨戬，他的来历出身，却丝毫也没有提到，实在使读者十分纳闷。

杨戬出现迟到第四十回，那是在闻太师招来魔家四将，把姜子牙打得昏头转向的时候。书中是这样叙述杨戬出场的:

一日，子牙正在相府，商议军功大事，忽报有一道者来见。子牙命请来。这道人带扇云冠，穿水合服，腰束丝绦，脚登麻鞋，至檐前下拜，口称“师叔”。子牙曰：“那里来的？”道人曰：“弟子乃玉泉山金霞洞玉鼎真人门下，姓杨名戬。奉师命特来师叔左右听用。”

这种简单的叙述，同前一段韩毒龙、薛恶虎二人的出现完全一样，突如其来，事先毫无交代。大家知道，《封神演义》出场人物甚多，不少都是昙花一现的过渡人物，像韩毒龙、薛恶虎这类人，都是这样出场时交代一句，转眼便消灭了的。如今杨戬也是如此出场，便使读者觉得他无非也是个过渡人物。

谁知杨戬出场以后，越演越神。他“炼过九转玄功，七十二变化，无穷妙道，肉身成圣，封清源妙道真君”，一出手便弄死了魔礼寿的花狐貂，竟有齐天大圣的手段；随又与闻太师大战，闻太师的双鞭，连打姜子牙、哪吒、金吒、木吒、韩毒龙五人落马。再战杨戬时，“祭起双鞭，正打中杨戬顶门之上，只打得火星迸出，全然不理，一若平常”，使闻太师骇叹不已。以后，杨戬更是出神入化，屡建奇功。

看来，小说作者最初派杨戬出场时，还没想到把他写成一个与哪吒同样出群的人物，后来却忽然改变主意，把他与哪吒配成美满的一双，彼此扶持，互相支援，完成了灭殷大业。这种构思，同第四十回杨戬最初出现时完全不同，便见得《封神演义》作者对杨戬此人的摆放，有个由朦胧到确定的过程。开头原是把他作为随手牵来随手撇去的人物，及后才有意把他升格为第一流的英雄，但是如此确定了之后，作者又来不及回头去补一段他得道成材的经历，使读者对他的出身无法了解了。

如今读者都把杨戬和另一个神合二为一，认为杨戬便是威名赫赫的二郎神。但《封神演义》书中，从来不把杨戬称为杨二郎或二郎神。杨戬也没有三只眼，他想观察妖魔的真相，只有向云中子借照妖镜，例如对于马善和梅山七怪便是如此，可见杨戬的神眼是不存在的。

杨戬初出场时，也不见有哮天犬。哮天犬直到四十七回大战赵公明时，才由杨戬放出来。若是作者早把杨戬看作二郎神，这哮天犬早就应该同魔家四将的花狐貂狠斗一番了。可见哮天犬也是事后的补笔。

最明显的补笔，是第五十五回，杨戬因土行孙盗了惧留孙的捆仙绳，到夹龙山查问真相，途中忽然落到一个地方，见一怪物，杨戬追入石穴，却发现其中藏有一口三尖两刃刀和淡黄袍。杨戬取了三尖两刃刀和仙袍，并收了看守石穴的金毛童子为徒。

三只眼、哮天犬和三尖两刃刀，本是二郎神的三样特征，《封神演义》不写杨戬三只眼，已是一大漏洞；哮天犬突然在半路杀出，又证明不是杨戬出场时便有；而三尖两刃刀更明显是事后的补救。可见作者开头时本不是以杨戬为二郎神的。

更有一件，杨戬这名字也不知从何而来。历史上有个杨戬，乃是宋徽宗时的弄权太监，其他神仙传说中都没有这个名字。在有关二郎神的传说中，二郎神姓杨，出现在《西游记》。《西游记》通过孙悟空之口，说二郎神的母亲是玉皇大帝的妹子，因思凡下界，配合杨君，生下一子，因此二郎神姓杨，但《西游记》并没说他名字叫戬。

不错，《封神演义》在杨戬被花狐貂吃了时，在旁介中说他“无穷妙道，肉身成圣，封清源妙道真君”，有人认为此乃杨戬即二郎神之证。但查清源妙道真君乃是灌口二郎神的封号。传说嘉州太守赵昱治水除害有功，宋时其神封为清源妙道真君，实与姓杨的无关，和李冰父子也无关。《封神演义》这句话，又是事后补加上去的。理由是杨戬既是玉鼎真人的弟子，与哪吒、金吒、木吒等同一辈分，他不可能一出场便是什么真君（只有他的师父、师叔才有称真君的资格，如黄天化的师父清虚道德真君便是）。若他那时已有真君身份，便与太乙真人、玉鼎真人同一辈分，比哪吒等人要高出一级了。

从上面几点分析，可见在《封神演义》中，杨戬开头与二郎神丝毫无关，续后，作者才把他一步步塑造，向二郎神靠近，于是杨戬和二郎神在读者印象中便合二而一，以致牢不可破了。

传说中的二郎神，在二千多年前，既有朝廷认可的，又有民间流传的，也有小说家塑造的，可谓相当的复杂。本书另有一篇文章介绍，在这里便不多说了。

# 黄天化与泰山三郎

《封神演义》第四十回，写闻太师调令佳梦关的魔家四将，带兵前去西岐，征伐武王。西岐无人可以抵敌，紫阳洞道德真君派弟子黄天化下山，用攒心钉打死魔家四将，成其大功。《演义》说黄天化乃是黄飞虎的长子，后在前线战死，姜太公封神时，封他为“总领三山正神炳灵公”，而黄飞虎则封为“东岳泰山天齐仁圣大帝”，即所谓东岳大帝便是。

黄飞虎是小说虚构人物，黄天化当然也一样，说黄飞虎是东岳大帝，黄天化是炳灵公，那是明代人的说法。这种附会，到底是《封神》作者许仲琳自己创造，还是明代的道士生安白造，难以查究。而在古代，泰山之神既不是黄飞虎，炳灵公也没有黄天化的名字。

有些传奇人物或神话人物，要倒卷着看，才看出其所以然。黄天化就是一例。黄天化的名字，出现最迟，即明代；而炳灵公的名称，却出现在宋代；再往上查，则不仅没有黄天化其人，连炳灵公也是没有的，世俗所传的东岳大帝儿子，只有泰山三郎、四郎、七郎，并无名字。由此可见，神灵的历史越早越抽象，而且空幻，随着时代变化，抽象的逐步变得具体，空幻的也逐步被填满了。中国的许多神灵，包括宗教的和民间的，都经历过这个由虚到实、由简到繁的过程。

考查这个东岳大帝的儿子的历史颇为有趣。早在五世纪的北魏时代，甘肃武威地方出现这样一个故事：

有个叫段晖的人，从欧阳汤求学，同学中有一童子，彼此感情甚好。过了两年，童子告辞归家，临行时，要求段晖送他一匹马。段晖没有马，使用木造了一匹送他。童子十分高兴，对段晖说："我是泰山府君的儿子，奉命游学，如今期满，承您赠我马匹，十分感谢。将来您位至方伯，封侯，谈不上是报答您，聊表我一点情意罢了。"说罢，骑上木马，腾空而去。

这是泰山三郎的最早一段故事。

到了五代时，又发生一段怪事：

山东兖州有个官员葛周，一日举家出游，到了泗水亭，亭边有一座三郎君神庙，乡人相传，三郎是东岳帝君的第三子，庙中塑像，栩栩如生。葛周儿子十二郎的妻子，进入庙中，看见三郎神像，不觉心动，注视不舍，随即自觉心痛难忍，倒在地上昏绝过去。同行家人大惊，向神祈祷，过了许久，妇人复苏，自此精神失常，常称与三郎神好合，家人忧惧，送妇人到洛阳居住，不料三郎又追随而来，纠缠不舍，每逢神来，妇人先就呵欠作状，随即起身入帷，侍女窃听，但闻嬉笑之声。如此非止一次。其夫十二郎畏惧，竟不敢与妇同宿。

此事见于《玉堂闲话》（《古今图书集成·神异典》引），可见唐五代间，泰山脚下已有三郎的祠庙，还出现了迷惑妇女的传说。但这时的三郎，既没有名字，也未获得炳灵公的封号。

泰山三郎获得封号最早是在五代后唐明宗时，他被明宗封为威雄大将军；到宋真宗大中祥符间，再进封为炳灵公。《文献通考·郊社考》云："炳灵公庙在泰山下，后唐长兴三年，诏以泰山三郎为威雄大将军；大中祥符元年十月封禅毕，亲幸加封，令兖州增葺祠宇。"宋真宗是个出名迷信神鬼的皇帝，真有见神就加官、见鬼就许愿的狂热劲，泰山三郎原已有威雄大将军之号，如今又晋升三级，于是人与鬼神，皆大欢喜了。

但炳灵公并非出于姜太公封神，却由此可见。

## 道佛争夺战的滑稽剧

### ——四大天王变成魔家四将

即便是法力无边的如来佛祖，也须有几个看守门户的卫士，这是表示佛祖也须有一批卫兵替他壮壮门面，还是佛祖本身并不那么法力无边，生怕有什么邪魔外道跑进来捣乱呢？

不管深山峻岭还是热闹城市，凡是有规模的佛寺，在大门口的两廊，总少不了那凶眉怒目的四大金刚，又叫四大天王。这四条汉子的唯一职责，便是看守佛寺的门户，如假包换的卫兵。称之为“近卫军”未必恰当，叫他作“护法神”则是老称呼了，用句现代语，称之为“门警”“门卫”，也许更通俗易懂些。

这四大天王虽则同是门卫，却是各有神通，同现在一律穿一种制服，同样拿一杆长枪的，显然要出色得多。你看，东方那个叫持国天王，一身白袍，手持琵琶；南方那个叫增长天王，一身青色，手持宝剑；西方那个叫广目天王，一身红装，手里缠着一条似蛇非蛇、似龙又不是龙的怪物；最后那个叫多闻天王，一身绿色，右手拿一把大伞，左手盘一只银鼠，一个个装出吓人的神气。他们和大殿上那些佛祖、菩萨，形成了强烈的对照。这恐怕也是中国宗教的一种通例。例如

| 增长天王 | 持国天王 |
| --- | --- |
| 多闻天王 | 广目天王 |

道家的庙宇，当中的正神是道貌岸然，甚至最慈祥和气的，而两旁的陪神，却大抵都横眉怒目，形容丑恶，似乎是艺术上要追求强烈对比，其实，却正是宗教里的尊卑上下的思想作怪。高居上位的人，总能装出一副和蔼可亲的嘴脸，在下位的，便须显出做官的威风来了。这是“君君臣臣”时代的特色，也是社会的缩影。

那么，到底这四大天王，又叫四大金刚的，是何等脚色，何种来历呢？

下面是佛经的记载：

据说，在须弥山的山腹之间，有一山名叫由犍陀罗山，这山有四座山峰，分别由四个天王把守。他们各有职守，每一天王保护一个天下，所以称为护世四天王。他们又各有名目，保护东胜身洲的叫持国天王，保护西牛货洲的叫广目天王，保护南赡部洲的叫增长天王，保护北俱卢洲的叫多闻天王。他们手下各有一批鬼神，这些鬼神都有自己的怪名字，如持国天王手下叫“乾闼婆”和“昆舍阇神将”；广目天王手下叫“昆留博叉”；增长天王手下叫“鸠盘荼”和“薜荔神”；多闻天王手下叫“夜叉罗刹将”，如此等等。

如此说来，四大天王也并非一般的无名小卒，他们本身也是一员镇守一方的武官，手下都管辖着一批神兵鬼卒。他们之所以集合在佛祖的灵光之下，大抵因为受到佛祖教化过来，或本人便是忠实信徒，甘愿受佛祖驱遣之故吧。

唐玄奘到印度求经时，就提到在缚喝国一个神奇故事。这故事说：

缚喝国（古大夏国都城）城外有一座佛寺，寺内有一尊昆沙门天像（即多闻天王），十分灵圣。有一年，突厥叶护可汗（此人在新旧《唐书》中有记载）的儿子肆叶护可汗，因为要抢夺缚喝国寺院的财宝，亲率大军，进攻缚喝国。他到了半路，驻扎军队在野外，正准备发动进攻。不想当夜忽然做了一个怪梦，在梦中，他看见一位金甲神灵，手持长矛，向他大喝道：“这厮是什么野种，有什么本事敢来侵犯我这寺院，看枪！”一边说一边举起长矛，直刺过来。可汗躲闪不及，当场胸背洞穿，大叫一声，吓醒过来，便觉胸中痛不可忍。他急忙召集臣下，告以此事，群臣商议，叫请高僧前来禳解，不想僧人还没赶到，肆叶护可汗已心痛而死。

这故事说明了很久以前，印度的佛寺已有护法之神。不过玄奘听到的故事，还只是一个天王。至于集中四个天王在一起，是什么时代的事，却难以考究了。

中国的道士，颇有些本身并无本事，却常常向佛经中找些材料，加工一番，便变成道教的东西的。他们也没有放过这四大天王，生拉硬扯便把他们拉进道教门庭之内。这有《封神演义》可以为证。

《封神演义》第四十回，出现了由闻太师请出来征伐西岐的魔家四将。这四将是何等样人，不妨抄书一段：

佳梦关魔家四将，乃弟兄四人，皆系异人秘授奇术变幻，大是难敌。长曰魔礼青，长二丈四尺，面如活蟹，须如铜钱，用一根长枪，步战无骑。有秘授宝剑，名曰青云剑，上有符印，中分四字：地、水、火、风。这风乃黑风，风内有万千戈矛。若人逢着此刃，四肢成为虀粉；若论火，空中金蛇搅绕，遍地一块黑烟，烟掩人目，烈焰烧人，并无遮挡。还有魔礼红，秘授一把伞，名曰混元伞。伞上有祖母绿、祖母印、祖母碧，有夜明珠、碧尘珠、碧火珠、碧水珠、消凉珠、九曲珠、定颜珠、定风珠，还有珍珠穿成四字：“装载乾坤。”

这把伞不敢撑，撑开时天昏地暗，日月无光；转一转，乾坤晃动。还有魔礼海，用一根枪，背上一面琵琶，上有四条弦，也按地、水、火、风。拨动弦声，风火齐至，如青云剑一般。还有魔礼寿，用两根鞭。囊里有一物，形如白鼠，名曰花狐貂，放起空中，现身似白象，胁生飞翅，食尽世人。

无须多说，读者一眼就能看出，这魔家四将的原型便是佛门中的四大天王。什么青云剑，什么琵琶，什么混元伞，全是原来货色，连那花狐貂也无非是广目天王手里那条非龙非蛇的怪物的化身而已。

有趣的是，《封神演义》写到姜太公大封诸神时，居然由姜太公封这魔家四将为四大天王之职，“辅弼西方教典，立地水火风之相，护国安民，掌风调雨顺之权”。他们的“职称”竟然是：

增长天王：魔礼青掌青光宝剑一口　职风

广目天王：魔礼红掌碧玉琵琶一面　职调

多文（闻）天王：魔礼海掌管混元珍珠伞　职雨

持国天王：魔礼寿掌紫金龙花狐貂　职顺

于是这一来，原是从佛门掠夺过来的东西，反而变成是道家赐给佛门的礼物了。

和尚们只好念声“阿弥陀佛”，有什么办法呢！

# 可憎的申公豹也有人爱

## 一、申公豹代表的“天命”

小时候读《封神演义》，每当看到申公豹的名字，就厌恶之极。此人似乎生下来就与姜子牙有仇，没有一样行为举动不是同姜子牙作对的，每出场一次，就给姜子牙带来一次麻烦，觉得此人坏得实在没有道理。

长大以后，重读《封神演义》，却忽地觉得此人很面熟，在现实生活中偶尔也会碰上，不过已经改换了名字，不叫申公豹罢了。

申公豹其人，原是《封神》作者为了凑合三十六路兵征伐西岐，有意创造出来的。但是，要找个坏人到处兴风作浪，招兵伐周，本也容易，作者却偏要派个本是玉虚宫门下的人，同姜子牙有师兄弟之谊的申公豹来担起这个角色，真不知作者心中有什么了不起的冤苦，作了这样的安排。

用句现代的语言，申公豹乃是阐教门下的叛徒，他违背本组织的宗旨，助纣为虐，正如俗语说的“食碗面，反碗底”，吃里扒外，是个失去起码的为人道德的败类。不过小说中对于申公豹为什么拼死拼活反对姜子牙，违背师尊的训导，却没有明白交代。此人一出场，就口口声声“保纣灭周”。他本是玉虚宫门人，玉虚宫的宗旨是“扶周灭纣”，他不是不知道。若他一向以保纣为心，为什么又要投在玉虚宫门下？若是中途变卦，这原因又是什么？小说对此，毫无交代，不能不是老大的漏洞。

《封神》作者的宿命思想是根深蒂固的，“封神榜”本身就是宿命论的产物。凡注定要进封神台的人，一个也逃不了，不管他是扶周也好，助纣也好。为要凑够“封神榜”上三百六十五位正神，便需要有个人煽风点火，挑拨离间，把许多道士、教徒、仙家、散人、妖怪、瘟神，哄的哄，赶的赶，让他们都开上前线，彼此残杀，以便填满“封神榜”上的空缺。这就是所谓“天数”，或称“气运”。玉虚宫出了一个申公豹，也是“天数”，虽有元始天尊之法力也无法扭转。而申公豹本人，同样是天数注定，连他自己也说不出有别的什么道理。因此可以说，申公豹此人是《封神》作者的“天命观”的产物。

## 二、申公豹的“诡辩术”

申公豹为了保纣灭周，也确实费了许多工夫，花了不少唇舌。龙须虎本来“採天地灵气，受阴阳精华，已成不死之身”，却禁不住申公豹说吃姜子牙一块肉，延年万载，就跳出来要害姜子牙。赵公明被陆压用钉头七箭书射死，申公豹忙不迭向云霄娘娘三个姊妹报信，煽动她们下山报仇。土行孙本是惧留孙的小门徒，一向在山修炼，申公豹又花言巧语，哄他偷了师父的捆仙绳，下山去与周营为敌。姜子牙被火灵圣母的混元锤打死，被广成子救活，返回周营时，又碰上申公豹，申公豹这回更要亲自置之死地。姜子牙初时动之以师友之情，又说曾向南极仙翁求情，救了他一命。申公豹却是铁石心肠，照样追杀。这真是写出一种疯狂者的狂性。这种疯狂者，人们在现实社会中确实也曾见过，有些人就是出自一种变态心理，不但不念旧日友情，甚至以怨报德，使出极端伤天害理的手段来。

至于最精彩的章节，却要数申公豹说反殷洪、殷郊兄弟两件事。

殷洪、殷郊是纣王的二子，纣王信了谗言，将二子逮捕，明诏处斩，由广成子与赤精子施法将二人救出法场，收为门下，授以仙法。及至姜子牙登台拜将，正式兴兵伐纣，赤精子便命殷洪下山，扶助周室。谁知到了半途，这个申公豹拦住他的去路，问他此行何去。当殷洪说出此行之意时——

道人大喝一声曰："世间岂有子助他人，反伐父亲之理！"殷洪曰："纣王无道，天下叛之。今以天之所顺，行天之罚，天必顺之，虽有孝子慈孙，不能改其愆尤。"申公豹笑曰：

“你乃愚迷之人，执一之夫，不知大义。你乃成汤苗裔，虽纣王无道，无子伐父之理。况百年之后，谁为继嗣之人？你倒不思社稷为重，听何人之言，忤逆灭伦，为天下万世之不肖，未有若殿下之甚者。你今助武王伐纣，倘有不测，一则宗庙被他人之所坏，社稷被他人之所有，你久后死于九泉之下，将何颜相见你始祖哉！”

世上确有些坏人，说得满口纲常大义，却不顾谁是谁非，看似道理充足，使人难于辩驳。申公豹这番话就是一个好例。结果殷洪被他的巧言说动，改了念头，反而伐周去了。

殷洪背叛师言，应了恶誓，被赤精子借了太极图来，将他化为飞灰。在广成子方面，却又派遣殷郊下山，辅助周武王。此时申公豹又出现了。申公豹开头时，说的还是那派“世间那有子助外人而伐父之理”的老话，谁知殷郊绝不动心。于是申公豹便抛出杀手锏来：

殿下之父亲固得罪于天下，可与为仇；殿下之胞弟殷洪，闻说他也下山助周，岂意子牙欲邀己功，竟将殿下亲弟用太极图化成飞灰。此还是有德行的人做的事？今殿下忘手足而事仇敌，吾为殿下不取也。

这也是世间的险恶之徒惯弄的手段，他把自己劝说殷洪叛师助纣的事藏过不提，殷洪违誓伐周的事也一字不说，相反却硬指姜子牙无故把殷洪用太极图化作飞灰。正是指鹿为马，以黑作白，把个不会寻根究底的殷郊哄到商营，一问之下，果然张山回说殷洪已经惨死。于是殷郊又成了申公豹的牺牲品。

前一段申公豹是歪话正说，这一段申公豹却是真事隐去，假事真编，倒果为因，含血喷人。确实是个厉害的说客。《封神演义》的笔墨虽然粗糙，但这两段文字却是可圈可点的。

申公豹的下场，应了他发下的毒誓，去塞了北海眼，也可说是天网恢恢，报应不爽吧。

## 三、贝加尔湖畔的申公豹庙

北海是个什么地方？汉代苏武出使匈奴，被匈奴单于扣留，送去北海无人之处牧羊，在那边直待了十九年。这北海经人考证，便是今日西伯利亚的贝加尔湖。据《简明不列颠百科全书》说，此湖是世界最深的湖泊，长六百三十六公里，平均宽四十八公里，面积三万一千五百平方公里，湖水容量为二万二千九百立方公里，占地球表面淡水总容量五分之一，有三百多条溪河注入。一至二月气温平均为零下十九摄氏度，湖面一月份结冰，五月份解冻。因其大，古人称它为海。

古人以为泉有泉眼，海也应有海眼，恐怕只是想当然。

但自从《封神演义》出现了申公豹塞北海眼的说法以后，贝加尔湖居然出现了申公豹的庙宇，以及申公豹在北海的神话。

清俞樾《茶香室四钞》卷二十有一条云：

国朝汤用中《翼駉稗编》云：闻太师、申公豹系《封神传》荒诞之言，乃恰克图四部祀之甚虔。山右张城方道士智禄，久客恰克图，言其地近接俄罗斯，地居北海之南，过北岸则为狗头国。每当秋冬，海冰即合。商旅未敢履冰经过，必诣申（公豹）庙，焚香拜请数日，舁像入水试冰。其像以木为之，裸体不着一丝。舁至海中，直立不仆，渐次入水，俟灭顶，即可履冰过海，车驰马骤，了无妨碍。至次年二三月，遥望巨浸中，见一指破冰出，即群相告诫，速断行踪。数日

闻太师

而拳出，又数日而全体俱出，即闻坚冰碎裂，海水沸腾，像即矗立水面。彩舆舁归，报赛维谨。

恰克图在蒙古国乌兰巴托（旧称库伦）之北约二百七十公里，清代是与俄罗斯接壤的边疆大镇，是由内地通往西伯利亚的交通大道，商贾往来甚多。商贾之中当然也有汉人。大抵就是这些汉族商人，为了求神庇佑，他们想到申公豹塞了北海眼，必在此地为神，便建了申公豹庙。因为申公豹是坚决辅商的，而商人也是商，自然能得申公豹的保护了。申公豹而居然有庙宇，而且神像又能起到测试结冰解冰的作用，真是《封神》的读者感到“匪夷所思”的，但不知这座申公豹庙（还有闻太师庙）现在还存在否？

# 闲话姜太公封神

读过《封神演义》的人，都知道有姜太公封神这回事。此书第九十九回写姜子牙到玉虚宫参见元始天尊，请求颁下玉符、敕命，把作战阵亡的将领，一律加以封号，使这些游魂有所归依。天尊同意，当下筑起封神台，请来玉符、敕命，由姜子牙宣读敕命，共封了三百六十五位正神。其中为首的是黄天化，封为管领三山正神炳灵公。随后是黄飞虎，封为东岳泰山天齐仁圣大帝；崇黑虎、闻骋、崔英、蒋雄四人分别封为南岳衡山、中岳嵩山、北岳恒山、西岳华山的大帝；然后便是闻太师——闻仲和属下邓忠、辛环、张节、陶荣等二十四人，闻仲封为雷部天尊，其他二十四人封为雷部天君。如此等等。

过去曾经有人考证过《封神演义》故事的来历。例如梁绍壬《两般秋雨庵随笔》说，《旧唐书·礼乐志》引《六韬》说，武王伐纣，忽遇大雪，雪深数丈。忽见有五辆车、两匹马自远而来，却看不见路上有轮子和马蹄的痕迹。武王觉得奇怪，太公说：这一定是五方的神灵，来接受任务。于是把这几个人召来军中，派给任务。原来这些人是祝融、句芒、颛顼、蓐收、河伯、风伯和雨师七人。又如俞樾《小浮梅闲话》

说，关于赵公明的故事是出于《太公金匮》等等。这些考证，都能使读者阅读时增加趣味。但是对于《封神演义》最后大封死者为神的事情，却还没有人作出考证。

其实小说作者以封神来结束全书，也不是没有来历的。

原来早在唐代初年，由皇帝下诏，在京师长安以及各州县都建立孔子庙，是为文庙，两廊配享的有颜渊、左丘明、子夏、公羊高等二十二人。到了玄宗年间，孔子封为文宣王，弟子颜渊、子路等七十七人均封为侯伯，这些人都塑像绘图，列于孔子左右。他们都是死去的文人。那么，武人又是怎样呢？

也是在玄宗年间，开元十九年（731），由皇帝下诏建立太公尚父庙，也即是姜太公庙，等级同孔子庙一样，配享的是汉朝开国功臣张良。到肃宗上元年间，又尊封太公为武成王，配享的人左边有白起、韩信、诸葛亮、李靖、李勣，右边有张良、穰苴、孙武、吴起、乐毅。到德宗建中年间，又由颜真卿建议，在姜太公庙内加入“古今名将”管仲、范蠡、孙膑、廉颇、王翦、卫青、李广、张辽、关羽、周瑜、谢玄、王猛、尉迟恭、郭子仪等共六十四人，各画图形，列于太公神像左右。于是，姜太公就成了总管历代武神的大头领，上起周朝，下至唐代，凡是赫赫有名的武将，都在他的统辖之下了。

到了宋代，徽宗皇帝又是极为尊崇神道的君主。他除了在孔子庙加封一批儒家门徒之外，又重新定了太公庙的从祀人员。宣和五年（1123），正式做出规定：在那座瑰丽堂皇的太公庙里，正面坐着姜太公，旁边坐着张良。大殿两旁，面向西的是管仲、孙武、乐毅、诸葛亮、李勣（唐初名将）五人；面向东的是穰苴（齐景公大将）、范蠡、韩信、李靖（唐初名将）、郭子仪五人。两廊从祀的人，东边是白起、孙膑、廉颇、李牧（以上战国）、曹参、周勃、李广、霍去病、邓禹、冯异、吴汉、马援、皇甫嵩（以上两汉）、邓艾、张飞、吕蒙、陆抗（以上三国）、杜预、陶侃、慕容恪、宇文宪、韦孝宽（以上晋南北朝）、杨素、贺若弼（以上隋）、李孝恭、苏定方、王孝杰、王晙、李光弼（以上唐）。西边是吴起、田单、赵奢、王翦（以上战国）、彭越、周亚夫、卫青、赵充国、寇恂、贾复、耿弇、段颎（以上两汉）、张辽、关羽、周瑜、陆逊、羊祜（以上三国）、王濬、谢玄、王猛、王镇恶、斛律光、王僧辩、于谨、吴明彻（以上晋南北朝）、韩擒虎、史万岁（以上隋）、尉迟恭、裴行俭、张仁亶、郭元振、李晟（以上唐）。总共七十二人。这是为死去的英雄们排定座次，其中神机军师、智术专家、兵法大师、五星上将、一级勇士，无所不有，真可说是一支战无不胜的队伍，也正合着俗语所说的，“姜太公在此，百无禁忌”了。

但是到了明太祖登位，不知是什么缘故，姜太公的武成王封号忽然被撤销，庙祭也停止举行。姜太公降了几级，只是附属在历代帝王陵庙之内，同伊尹、周公、召公、张良、诸葛亮、郭子仪、岳飞等人排在一起，完全失去独当一面的威风。清代基本按照明代制度，把姜太公从祀于历代帝王庙内。人有兴衰，神也有升降，所谓“武成王庙”，从此便衰落破败，终至于消灭了。

然而姜太公毕竟是历史上供奉了几百年的“武成王”，他在民间的威望还是煊赫的。明代的许仲琳撰写《封神演义》，写到周武王打下了江山，姜太公立下不世之功，于是由他来大封其神，当然是顺理成章的事。

使人感到兴趣的，却是受封诸神之中，既有为周王朝的建立而牺牲的众将领，也有为殷王朝而战斗至死的大小臣子。虽然在敕文之中，对那些坚决为殷纣效忠的人，指出他们是“逆天而行”，到底还给了他们一个封号。这同唐、宋两代的武成王庙里，既有关羽、张飞，又有周瑜、吕蒙，既有杜预、王濬，也有羊祜那样，是后代人的宽容和超脱。从这里也可以看出两者的相似来吧。

# 掀开吕洞宾道袍一角

## 一、一则滑稽故事

在谈八仙中的吕洞宾之前，先来说个有趣的故事：

有几个书生，准备上省城应科举考试，临行之前，因心中无数，大家商议，找个扶乩的人来，向乩仙求问此行考试能否得中。

扶乩的人来了，摆开沙盘，焚起炉香，装模作样一番，然后扶起丁字木架，在沙盘上划起来。

过了一会，乩仙果然来了，在沙盘大书四个字道：“赵酒鬼到。”

那群书生一看，都骂起来道：“我们要请吕洞宾祖师指点迷津，你是何方野鬼，敢来撒野，我们叫吕大仙飞剑砍你的头！”

这么一骂，乩就不动了。书生们再请扶乩的人专请吕祖师。

不久，乩果然又动，写道：“洞宾道人过此，诸生有何求问？”

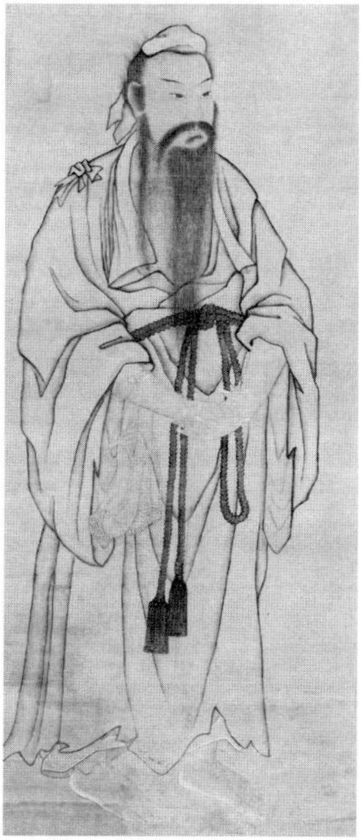

吕洞宾

于是书生们整肃衣冠，下座再拜，叩问各人的功名前程。只见乩仙又大书道："多磨墨。"书生们不知就里，只好纷纷磨墨，每人都磨了一碗，然后跪问："此墨将来何用？"乩仙又大书道："诸生分饮墨汁，听我判断。"

书生们心中虽觉得疑惑，但又不敢违拗，只好端起墨碗，各各饮干，然后再向乩仙求教。

只见乩仙运笔如飞，写出一首诗道：

平时不读书，临时吃墨水。吾非吕祖师，依然赵酒鬼。

写毕，寂然不动。此时书生才知上当受骗，一个个面面相觑，哭笑不得。

这个故事出自清人笔记《客窗闲话》，意在讥讽那些不学无术之徒；但是，扶乩的人一定要请吕洞宾，认为别的都没有资格，这种心理却很有代表性，说明吕洞宾的名气确是非同小可。

吕洞宾的大名，自然不始于清代。不过，他的来历，却有种种不同说法，非常混乱。例如他的籍贯，宋邵博《闻见后录》说："故家岳阳，今其地名仙人村，吕姓尚多。"元遗山《唐诗鼓吹》郝天挺注："洞宾名岩，京兆人。"《河

永乐宫壁画

南府志》又说是“本府河中人”，《历代神仙通鉴》及《全唐诗》都说是“河中府永乐县人”，《列仙全传》《八仙东游记》也说是永乐县人。他是什么时代人，也有不同说法。《历代神仙通鉴》说他是初唐人，“于贞观丙午四月十四日巳时”出生，即公元646年。《列仙全传》却说是中唐人，“贞元十四年四月十四日巳时生”，即公元798年。《安庆府志》又说他是“天宝时人”，则是盛唐人了。《全唐诗》说他“咸通中举进士”，便又成为晚唐人。所以这个在“八仙”中名气最大、故事最多的吕洞宾，却是既不知是何处籍贯，也不知是哪个朝代的人。

这种记载的混乱，恰好说明他的名气，是先起于民间，由一些地位低微的道士把他吹捧起来的。下面这个故事很可以说明问题。

## 二、他从下层爬到上层

有个姓李名教的人，学一些左道旁门之术，到处招摇撞骗，居然很有一班信徒，把他的道术吹得神乎其神。

有一回，李教到娼妓家中歇宿，趁着酒意，索笔在粉墙上大书云：

吕洞宾李教过此一游。

醉墨淋漓，颇像仙迹，再加上无知之徒渲染传扬，居然骗得许多人相信，以为李教若不是吕洞宾的同辈，也是徒弟一流了，李教的名气更是不胫而走。

再说河北涿州有个叫王则的人，平日信奉弥勒教，在宣毅军中担任小校之职，因自信是弥勒佛下凡，暗与同伙张蛮、卜吉等密谋，在贝州发动兵变，杀死官军，占领贝州，自称东平王，设官置署，改元得圣，准备大干一番。此人素来听得李教之名，便宣称李教是他的军师，借此张大声势。

此举震动京师，朝廷命明镐、文彦博率兵进剿；又因接得举报，说李教曾在娼楼写下与吕洞宾同游字样，于是朝廷发出海捕文书，到处缉拿吕洞宾、李教二人。吓得李教慌忙潜逃，不知去向。

及至贝州之乱平定，朝廷才知此次叛乱并无李教参加，于是除去李教名字，继续缉拿吕洞宾，扰攘多时，直至确知吕洞宾是传说的人物，这才罢手。

这笑话出自《宋人轶事汇编》所引《默记》，足见北宋中期，吕洞宾在民间已很有名声，但在朝廷，官员还不知他是何等样人，弄得一直缉捕不休。这固然由于官吏的颟顸，但吕洞宾在当时的社会上层并无多大影响，由此也可推知。

不过到了南宋，吕洞宾的名气便越来越大。《夷坚志》《谈苑》《独醒志》《鹤林玉露》等笔记，都记载吕仙的事，而流传民间的故事，不久又演为戏剧，那影响更大了。

吕洞宾开始大为煊赫是在蒙古人灭了金国以后。公元1242年，蒙古太后乃马真氏登位为帝，她是个信奉道教的人，于是道教的全真派假借为皇帝祝诞为名，取得朝廷的支持，拨了巨款，由全真派大师潘德冲在永乐县修建大纯阳万寿宫，工程浩大，直到忽必烈登位后才建成，那已是公元1262年了。此后工程又陆续扩大，泰定二年（1324）完成了举世闻名的永乐宫壁画，元末又有增修。工程经历近百年之久。这座永乐宫就坐落在山西省永济县黄河北岸，即传说吕洞宾的故乡，历明清二代，巍然独存。1959年因建设三门峡水库，全宫移到芮城。这是纪念吕洞宾的历史上最宏大、最华贵的建筑，它的艺术价值至今举世推崇，为道教罕有的历史文物。

## 三、十次严格考验的意义

在八仙之中，吕洞宾不是第一位开山祖，他的名字在《东游记》是排在铁拐李、汉钟离、蓝采和、张果老、何仙姑之后，是汉钟离的弟子。但是他却最有代表性，由一个很平凡的俗人经过修炼成为神仙，而他的修炼，又须经历十次严格考验，全部通过，证明他能把世俗的贪嗔痴爱全都看破打破，然后获得受道的资格。这很像佛教中的苦行派，与禅宗的顿悟有极大区别。又很像希腊神话那个天生英雄赫拉克勒斯，要完成十二件伟大功绩才能获得自由身一样。

吕洞宾所受的十大考验，据《列仙全传》记载，是这样的：

第一试：洞宾自外远归，忽见家人皆病死，洞宾心无悔恨，但厚备葬具而已。须臾，死者皆起，无恙。第二试：洞宾卖物于市，议定价值，买者翻悔，止酬其值之半，洞宾无所争，委物而去。第三试：洞宾元旦出门，遇乞者求施，且索取不厌，又加骂詈，洞宾唯再三笑谢。第四试：洞宾牧羊山中，遇一饿虎，欲啖群羊，洞宾独以身挡虎，虎乃舍之而去。第五试：洞宾居山中读书，一女年可十七八，容颜绝世，自言迷路，来此投宿，既而调戏百端，夜逼同寝，洞宾竟不为动。如是三日始去。第六试：洞宾一日出郊，及归，则家资为盗劫尽，殆无以供朝夕，洞宾了无愠色，躬耕自给。忽锄下见金数十片，即掩之，一无所取。第七试：洞宾遇卖铜器者，市之以归，皆金也，即访卖主还之。第八试：有风狂道士陌上卖药，自言服者立死，再世得道，旬日不售，洞宾市之，道士曰：子速备后事可也。服后无恙。第九试：春潦泛溢，洞宾与众共涉，至中流，风涛掀涌，众皆危惧，洞宾端坐不动。第十试：洞宾独坐一室，忽见奇鬼无数，前来索命，有欲击者，有欲杀者，洞宾绝无所惧。又有夜叉数十，械一死囚，向其索命，洞宾谓前世杀汝，今世还命，宜也，即起觅刀自尽，忽闻空中叱声，鬼皆不见。一人抚掌大笑而下曰：吾十试子，子皆心无所动，得道必矣，但功行未完，吾今授子黄白之术。此人即云房也。

此种十试的形式，反映了全真教的教义，此教要求学仙的人，先要去尽人世间的贪财、好色、恋家、思亲、畏难、怕死、愠恨、固执等等不纯的思想意识，然后才有修炼的基础。《西游记》写唐僧要经历八十一难，才能到达西天取得真经，那用意其实也差不远，只不过《西游记》对唐僧的考验，是化成了各种各样的妖魔鬼怪，而又有孙行者等徒弟的保护，不似吕洞宾只靠个人的力量而已。

古希腊神话中，有个天生英雄，叫赫拉克勒斯，他是宙斯和美女阿尔克墨涅私通生下来的。因受天后赫拉的妒忌，使他命定要隶属于先出生的欧律斯透斯。于是赫拉克勒斯立意完成十二件伟大功绩，以取得自由人的地位。他那十二件功绩是：一、扼死涅墨亚狮子。二、斩杀勒耳那水蛇。三、活捉强暴无此的野猪。四、捕获疾走无比的赤牝鹿。五、杀尽铜翼、铜嘴、铜爪的怪鸟。六、取来女儿国王希波吕忒的腰带。七、清扫奥革阿斯的马厩。八、制伏喷火的克里特公牛。九、战胜以外族人喂养吃人牝马的国王狄俄墨得斯。十、捉走革律翁放养在厄律提亚岛的牛群。十一、取回金苹果。十二、制伏看守地狱之门的恶犬刻耳柏洛斯。

赫拉克勒斯这十二大功劳，后来又成为古希腊人制造星象神话的依据，至今，西洋星象中的武仙座（在中国的织女星与贯索星座之间）就是纪念这位大英雄的；而他所杀死的狮子、毒蛇、野牛、毒蟹也都分别成为天上的狮子、长蛇、金牛、巨蟹星座；甚至赫拉克勒斯用来解救普罗米修斯的神箭，也变成了天箭座，横置于银河之中（在牛郎星之北，相当于中国的左旗星座）。

古希腊的赫拉克勒斯故事，同汉钟离十试吕洞宾的故事，有相同之处。两者都是干出了人所难能的事，经受住严峻的考验。但是，两者的宗教思想却完全不同。在赫拉克勒斯故事中，表现为对于邪恶和暴虐的抗争，而吕洞宾的故事，却表现为心灵的克制，处处容忍退让，以为这才是最高的修养。由此可以看出，中国的道家——特别是全真派，是从《老子》的“夫为不争，故天下莫能与之争”这一教义演变过来，变成修道成仙的门径。这同古希腊人的竞争思想，完全是两回事，甚至背道而驰的。

## 四、所谓“吕仙的诗笔”

现在，可以进一步谈谈所谓吕洞宾遗留下来的诗了。

翻开清代康熙年间编集的《全唐诗》，便看到第八百五十六卷至八百五十九卷中，收录吕洞宾的诗四卷，共二百五十一首，在历代神仙诗中数量是最多的。不过，这些诗编次凌乱庞杂，也没有注明是从何处收集而来。

这二百多首诗，可以从它的内容混杂，风格迥异，看出并非出自一人之手。大致分析起来，有几个不同的内容。

首先，数量最多又是最不知所云的，是那些道士所谓修炼的怪话。这里且举两首为例：

水府寻铅合火铅，黑红红黑又玄玄。气中生气肌肤换，精里含精性命专。药返便为真道士，丹还本是圣胎仙。出神入定虚华语，徒费功夫万万年。

九鼎烹煎九转砂，区分时节更无差。精神气血归三要，南北东西共一家。天地变通飞白雪，阴阳和合产金花。终期凤诏空中降，跨虎骑龙谒紫霞。

这些胡言乱语，难以捉摸，更难加以解释。它占了全体百分之七十以上，大抵是所谓烧丹炼汞之类的内容，不但外行人无从领会，恐怕连道士们看了也一样捉摸不住的。

另外一种是宣传摆脱红尘、入山修道的好处，也举两首为例：

世上何人会此言，休将名利挂心田。等闲倒尽十分酒，遇兴高吟一百篇。物外烟霞为伴侣，壶中日月任婵娟。他时功满归何处？直驾云车入洞天。

当年诗价满皇都，掉臂西归是丈夫。万顷白云独自有，一枝丹桂阿谁无？闲寻渭曲渔翁引，醉上莲峰道士扶。他日与君重际会，竹溪茅舍夜相呼。

再一种是宣传做神仙的逍遥快活的，下面一首便是：

琴剑酒棋龙鹤虎，逍遥落托永无忧。闲骑白鹿游三岛，闷驾青牛看十洲。碧洞远观明月上，青山高隐彩云流。时人若要还如此，名利浮华即便休。

以上这几类的诗，其实没有任何价值。因为神仙既不存在，那么，“闲骑白鹿游三岛”便全是梦呓；若说归隐家园，视“物外烟霞为伴侣”，又怎能因此成仙？这样的诗，真应得上是“妄灾梨枣”，还要浪费纸张油墨。

不过其中也有少数的少数，仍然算得上是诗，像《蒙斋笔谈》记载的这首：

朝游北海暮苍梧，袖里青蛇胆气粗。三醉岳阳人不识，朗吟飞过洞庭湖。

此诗据说是在岳阳城南一古寺壁上发现的。下面一首相传也是吕洞宾所作：

草铺横野六七里，笛弄晚风三四声。归来饱饭黄昏后，不脱蓑衣卧月明。

这首却颇似南宋江湖派诗人的口吻。

浮名净利两何堪，回首归山味转甘。举世算无心可契，谁人更与道相参？寸犹未到甘谈尺，一尚难明强说三。经卷葫芦并拄杖，依然担入旧江南。

这也是悟道之言。此外又有属于儆戒世人之作，最为人所引用的要算下面这首：

二八佳人体似酥，腰间仗剑斩凡夫。虽然不见人头落，暗里教君骨髓枯。

这是奉劝世人不要贪迷女色的。笔者曾见一些劝世文中也引用过，可见流传之广。不料，同这一首用意完全相反的，却有《三字诀》，其文如下：

这个道，非常道。性命根，生死窍。说着丑，行着妙，人人憎，个个笑。大关键，在颠倒，莫厌秽，莫计较，得他来，立见效。地天泰，为朕兆。口对口，窍对窍，吞入腹，自知道。

药苗新，先天兆，审眉间，行逆道，滓质物，自继绍，二者余，方绝妙。要行持，令人叫，气要坚，神莫耗。若不行，空老耄，认得真，老还少。不知音，莫语要。些儿法，合大道。精气神，不老药，静里全，明中报，乘凤鸾，听天诏。

这首《三字诀》说些什么呢？凡是读过吕洞宾三戏白牡丹这段书的人，都会了然的。

那么，这二百多首诗真是神仙手笔吗？这问题是很难回答的。若说是，神仙何在？若说不是，则吕洞宾实有其人，不能说全是无中生有。所以还是以存疑为妙。不过也可以提供一个材料，《四库全书总目》评《独醒杂志》有一段话这样说：

伪吕洞宾诗，乃福州黄待聘所撰，当时已捕斩于马行街。见耿延禧《林灵素传》。

黄待聘是个专会装神弄鬼、诈骗为生的牛鼻子道人，为了自吹自擂，便伪造一批吕仙的诗笔，借以惑众。如今在《全唐诗》中，哪些是这位“食饭神仙”的大作，却已不可考了。

# 蓝采和是诗人还是戏剧家

蓝采和在明人吴元泰写的《八仙出处东游记》里，实在简略得使读者索然寡味。他的故事只有二百来字，外加歌词十二首，仅仅这些材料，就算是介绍了一位大名鼎鼎的神仙，未免使人觉得这位吴老先生既疏又懒。

蓝采和的传说，最早出现于南唐沈汾的《续仙传》。此书是这样写的：

蓝采禾（不作和）不知何许人也，常衣蓝破衫，六銙黑木腰带，阔三尺余，一脚着靴，一脚跣行，夏则衫内加絮，冬则卧于雪中，气出如蒸。每行歌于城市乞索，持大拍板长三尺余。常醉踏歌，老少皆随看之。机捷谐谑，人问，应声答之，笑皆绝倒。似狂非狂。歌词极多，率皆仙意，人莫之测。但以钱予之，以长绳串之拖地行，或散失亦不回顾，或见贫人即予之，及予酒家。人有为儿童即见之，至颁白复见之，颜状如故。后踏歌于濠梁间酒楼，乘醉，有云鹤箫笙声，忽然轻举，于云中掷下靴衫、腰带、拍板，冉冉而去。

《八仙东游记》便只是抄录此书，加上什么“乃赤脚大仙之降生也”一两句，此外便没有其他材料。

其实蓝采和的故事远不止如此简单。

陆游《南唐书·陈陶传》说：

陶所遁西山，先产药物数十种，陶采而饵之。开宝（按，宋太祖年号）中，常见一叟，角发，披褐，与一老媪货药于市，获钱则市鲊对饮，旁若无人。既醉，行舞而歌曰：“篮采禾，篮采禾，尘世纷纷事更多。争如卖药沽酒饮，归去深崖拍手歌。”或疑为陶夫妇云。

陆游这篇传记，不知采自何书，不过，宋代曾出现这个民间传说，则是可以肯定的。陈陶这个人，就是著名的“可怜无定河边骨，犹是春闺梦里人”的作者。元人辛文房《唐才子传》有一段介绍他的生平云：

陶字嵩伯，鄱阳剑浦人，大中（按，唐宣宗年号）中，避乱入洪州西山，学神仙咽气有得，出入无间。时严尚书宇，牧豫章，慕其清操，而欲试之，遣小妓莲花往侍，陶笑不答。莲花赋诗求去……陶赋诗赠之云：“近来诗思清于水，老去风情薄似云。已向升天得门户，锦衾深愧卓文君。”陶金骨已坚，戒行通体，夜必鹤氅焚香巨石上，呜金步虚，礼星月，少寐。所止茅屋，风雷汹汹不绝。忽一日不见，惟鼎灶杵臼依然。开宝间，有樵者入深谷，犹见无恙，后不知所终。

这篇文章把陈陶的修丹炼仙写得更为详尽，不过，全文却没有牵涉蓝采和。

还有个自署“南唐钓矶闲客”的人，写了一本《钓矶立谈》，其中也提到陈陶，说他是一位隐士，“是时江南多妖孽，彗孛昼见，陶察运祚衰替，不可扶持，遂绝意于荐绅，专以服食炼气为事”。这篇文章，也未提到与蓝采和有关。

因此，陈陶即是蓝采和，除了陆游《南唐书》所引“篮采禾，篮采禾，尘世纷纷事更多”一曲之外，便难以证实。不过，陆游所引的曲词，必定有根据，蓝采和这个名字，又是从“篮

蓝采和

采禾”得来，也可以肯定。此人应是北宋开宝年间的一位隐者，以卖药为生，后人听他老是唱“篮采禾，篮采禾”，认为就是他的姓名，进一步又说他是仙人，再进一步又把他列入八仙队伍中去。这种步步拔高的做法，向来如此，不足为奇的。

但民间却还另有一种传说，认为蓝采和根本不是什么隐士、诗人，乃是开戏班兼演员的戏剧家。这个材料，《续仙传》当然没有，连《东游记》也不收入。这个材料颇为有趣，是不应该随便把它埋没了的。

元代无名氏写过一本杂剧，题目是《汉钟离渡脱蓝采和》。这是个完全不同于上述传说的崭新的神仙道化故事，值得向关心八仙故事的读者介绍。

这杂剧共分四折，是元代杂剧的基本格式。第一折说，蓝采和原来姓许名坚，妻子叫喜千金，有个孩子叫小采和，还有个媳妇叫蓝山景，又有个姑表弟叫王把色，姨表弟叫李薄头。就是这么一家子六口人，组成一个戏班子，经常在洛阳梁园棚内勾栏中表演戏剧，一向平安无事。忽一日，八仙中的汉钟离下了凡尘，看到蓝采和有神仙之分，于是扮成看客模样，走进戏园，却不坐别的地方，偏要坐到乐床上。原来乐床乃是女演员等候出场和卖弄色相招引观众的特殊座位，蓝采和一看不对劲，劝他坐到观众席上，汉钟离硬是不肯走，反而质问蓝采和能表演多少戏文。蓝采和没法，便把平生本领一一说与他听，谁知钟离听了，依然赖着不走，相反还把神仙之事夸张一番，劝蓝采和跟他出家炼仙，两人你言我语，把演出时间都错过了。蓝采和一气之下，倒锁勾栏大门，把汉钟离关在里面，愤愤而去。

第二折开场时，正是蓝采和五十岁的生辰，一家人邀来朋友亲戚，摆酒庆贺。正在此时，汉钟离又跑来了，在门前先是大哭三声，又是大笑三声，说些不伦不类的胡话。蓝采和听见，走出门前，劝他离开，不料他反而讥笑蓝采和，说他不是寿星，乃是灾星，为了避灾，还是出家修行为妙。蓝采和怒气冲天，泼口把他痛骂一顿，关上大门，给他吃个闭门羹。

汉钟离见他执迷不悟，忽然想得一计，即把吕洞宾唤来，教他如此如此。

蓝采和正在高兴喝酒，门外忽闻人报，当地府尹传下命令，要蓝采和立即进衙门表演，不许迟延。蓝采和不敢违拗，只好匆匆拿起行头，赶到衙门。只见府尹高高在上，大发官威，硬说蓝采和来迟了，误了官身，喝叫手下把蓝采和“叩厅责打四十大板”，蓝大声呼冤，就在此时，汉钟离忽然出现，问他：“你省悟了么？”“我救了你，你可跟我出家？”蓝采和没法，只好答应。

原来这府尹乃是吕洞宾变幻的，无非是一场障眼法。

第三折写蓝采和已出家成为道士，一身褴褛衣服，手持拍板，到处高歌劝人修道。他妻子在街上遇见他，苦口劝他回家，他全然不理。

第四折开场时，和前三折的时间已是距离了三十年。蓝采和得道以后，风采如旧，忽一日，他再回旧日的勾栏，不禁大吃一惊。原来他妻子喜千金、表弟王把色和李薄头，全都老态龙钟，满头白发，衰弱不堪。戏班也因为缺乏后继的人，久不演出。蓝采和看到旧时自己玩惯的乐器，已积满尘土，真是触景伤情，更加大彻大悟，猛地升天而去，再不履此凡尘了。

这便是另一个蓝采和的民间传说。剧中充满厌弃尘俗的出世思想；不过，此剧也反映了旧时戏剧艺人地位之卑微和处境之艰窘，随便一个官员都可以向他们作威作福，他们只有逆来顺受，忍气吞声，最后只好出家而去。编剧家在这里是留下一页历史的真实的。

# 九个何仙姑

麻姑怪我恋尘嚣，一隔仙凡道路遥。去去沧洲弄明月，倒骑黄鹤听鸾箫。

据说这是何仙姑在被逼结婚前夕逃出家门留下的一首诗。诗中表示她原与麻姑一样是天上飞仙，谪下凡间，如今要骑黄鹤回归仙班去了。

这个会写诗的何仙姑，乃是广东增城人，《历代神仙通鉴》云：她是何泰之女，生时，有紫云绕室，灵通神异。十三岁时，

何仙姑

有个道士给她一只桃子吃了，自是不饥不渴。又梦中有人教她吃云母粉，服后遂轻身成仙。如今增城县小楼乡还有一座何仙姑家庙，是清代重修的，虽已残破，规模也不大，因被乡人保护，作为仙迹，至今仍存。乡人传说，她因不满父母包办婚姻，在婚礼前夕忽然失踪，只在井边留下双鞋，不久有人见她在罗浮山出现，已成仙人了。

这是个有典籍记载，有地方人士传说，也有家庙保留的一个何仙姑。

然而何仙姑的传说，远远不止这一个。

早在唐代，就在广州出现了叫何二娘的女子，以织鞋为业，忽一日去了罗浮山，依佛寺栖身，常为众僧采仙果充斋。据说她的仙迹，远近传闻，开元年间，皇帝也闻她的名字，派一官员来罗浮山请她入京。那官员见她美貌过人，行到中途，对她有非礼之念，她早已觉知，便涌身向空而去，不知所之了。

此事载于《太平广记》所引的《广异记》。她与增城的何仙姑，是一是二，很难断定。

同增城何仙姑一样著名的，则有个永州（今湖南零陵）的何氏女。据《东轩笔录》《独醒杂志》载，永州有何氏女，幼遇异人，与桃食之，遂不饥，自是能预知祸福。乡人神之，为建楼以居，世谓之何仙姑。又说，狄青南征侬智高时，兵过永州，问何仙姑以此行休咎，仙姑云："将军不须见贼，贼自败走。”狄青不甚相信，到广西后，先锋与贼战，贼大败，远遁而去，狄青竟未见侬智高云。

还有一个何仙姑也是颇为神奇的。《安庆府志》载，桐城（今安徽桐城市）投子山大同禅师，每小便，有鹿来饮。久之，鹿产一肉球，裂开得一女，禅师收养之。至十二岁，师令下山，遂居于柴巷口何道人家，以何为姓。及后禅师使赵州和尚唤她回山，她拿着笊篱坐在禅师之左，赵州和尚坐在右边，三人一时化解（无疾而终）。柴巷口有仙姑井，山间有赵州桥，即此二人遗迹云。

《古今图书集成·神异典》又引《祁阳县志》说，何仙姑年十三，随女伴入山采茶，失伴独行，迷路。遇异人出一桃与之，仙姑食其半，遂不饥，能知人事休咎。今祁阳白水之紫罗峡山顶一泉，传仙姑曾于此沐浴。泉下泥土皆纯白色，一名白泥岭。

又前书引《福建通志》：何仙姑，父大郎，居武平南岩，卖饼为生。吕纯阳见仙姑有仙质，因化为穷丐，每日向她乞饼，她从不吝惜。吕仙翁遂赠以一桃，食后不饥，遂栖身南岩。

《浙江通志》又说何仙姑是南览村人，年过三十，不嫁，打柴自给。一日，见山中有桃，大如杯，因采食之，自此不饥。宋元祐中，昌化县（在浙江杭州市西）发生大饥荒，人人鸠面菜色。县令施粥赈济，仙姑也混身人丛之中，容颜红润美艳，使饥民大为惊异，包围询问，仙姑遂涉双溪而去，忽云雾四起，失其踪迹。

还有《歙县志》记载，何仙姑，歙人。昌化旧隶歙，故亦为昌化人。驻跸山有何家坞，传言上世出一仙姑，或此地为其俗家云。

现在再回到广东来，除了上述广州的何二娘、增城的何氏女之外，在龙门县麻榨区的横汉村，从前也有一座何仙姑庙，现在庙已废圮，尚存一口大钟。这个何仙姑又是从何而来的？据说光绪初元，此村有个何氏女，因拯救一个落水孩童，自己灭顶而死，死后不久，获救的孩童忽见她在水中边歌唱边游泳，以为她没有死，急忙跑近喊她，不料霎时便不见了。只见河中漂来一副对联，孩童把它捞起，那上面有十个字:“河女遇仙翁，云腾上天穹。”村民才知她已升仙而去，遂于光绪五年（1879）在河边建庙作为纪念，称为何仙姑庙。

以上已经出现九个何仙姑了，但恐怕还没有收集齐全，有心人若再去发掘，第十个乃至更多的何仙姑，还会有所发现的。

何仙姑如此之多，有人说，其中不少是民间的女巫，这话颇为有理。直到现代，中国民间还把那些从事占卜、降神活动的女巫称作“仙姑”，假如她又姓何，那便可称之为何仙姑。时间一久，她又会被人加上许多神怪传说，同八仙之一的何仙姑牵扯在一起，难分彼此了。

传说中的神仙，皆可作如是观。

# 被挤出“八仙”之列的神仙

提起八仙，许多人都能屈指数出：汉钟离、吕洞宾、何仙姑、蓝采和、铁拐李、韩湘子、张果老、曹国舅。这八仙的事迹，有明代吴元泰的《八仙出处东游记》记载为据；还有许多民间神话故事、戏剧、绘画作为补充、印证，所以妇孺皆知，算得上是“八仙之名，不胫而走”。

但你可知道，这样的八个神仙，是经历过一番挑拣、筛选，逐步形成，并非一开头就如此的。其中有人被排挤出去，有

八仙

人又新加进来，直到明代中叶以后，才受到大众的承认，成为现在这八个而固定不变。

清代史学家赵翼，以考订精审著称，他的《陔余丛考》特列“八仙”一条，做了不少考证。他所谓的八仙，也是上面所说的八个。可见在清代，八仙的人选已经确定，连他也不知道曾有一番争夺过程了。

因为这争夺的过程没有专门文章记述，也没有人指出是哪一派跟哪一派争夺的，其中内幕已隐没在历史沉积层底下，只有一些表面现象还残存在古代戏剧之中，让现代的人多少知道曾有过激烈的争夺而已。

现存的元、明两代的杂剧剧本，有十四种都出现过“八仙”的名目。说来也奇怪，竟然没有一种是同上面所列的八仙名字完全一样的，不是多了这个，便是少了那个。

先看元人马致远的杂剧《吕洞宾三醉岳阳楼》。此剧第四折有唱词云：

这一个是汉钟离，现掌着群仙箓。这一个是铁拐李，发乱梳。这一个是蓝采和，板撒云阳木。这一个是张果老，赵州桥骑倒驴。这一个是徐神翁，身背着葫芦。这一个是韩湘子，韩愈的亲侄。这一个是曹国舅，宋朝的眷属。则我是吕纯阳，爱打的简子愚鼓。

马致远是元人杂剧作家中的前辈，约生活在元代早期，他在《三醉岳阳楼》中列举的八仙，可以代表宋末元初民间的看法。值得注意的有两点：一、说汉钟离“现掌着群仙箓”，即认为他是群仙的领袖，有崇高的地位。二、没有何仙姑，却多了个徐神翁。

徐神翁是什么人呢？宋周辉《清波杂志》卷二云：

徽宗召天下道术之士，海陵徐神翁亦至。神翁好写字与人，多验。蔡京得东明二字。皆谓东明乃向日之方，可卜富贵未艾。后京贬死潭州城南五里外东明寺。

《宋人轶事汇编》引《坚瓠集》云：

蔡京自少好方士之说，为徽宗言：道士徐神翁，能知未来事。曾云苏轼当堕地狱，祸及七祖。

又引《铁氏私志》云：

徐神翁自海陵到京师，蔡谓徐曰：且喜天下太平。是时河北盗贼方定，徐云：天上方遣许多魔君下生人间，作坏世界。蔡曰：如何得识其人？徐笑云：太师亦是。

由此可见徐神翁是北宋晚期一个道士，除了说他能知未来之事，不见有什么神迹。但到了宋末元初，却被列入八仙之中了。

马致远所举的八仙名字，并非孤证。明洪武年间杂剧家谷子敬的《吕洞宾三度城南柳》列举的八仙，同样多了徐神翁，少了何仙姑。此外，朱有燉的《吕洞宾花月神仙会》，无名氏的《争玉版八仙过海》《吕翁三化邯郸店》《孙真人南极登仙》四种杂剧都是如此。照此看来，宋末元初出现一组“八仙”，同后来的不尽相同，可称之为甲组。

与马致远约莫同时的剧作家岳伯川，撰有《吕洞宾度铁拐李》杂剧，他的“八仙”又是这样的：

> 汉钟离有正一心。吕洞宾有贯世才。张四郎、曹国舅神通大。蓝采和拍板云端里响。韩湘子仙花腊月里开。张果老驴儿快。我（铁拐李）访七真、游海岛、随八仙、赴蓬莱。

此剧没有徐神翁，也没有何仙姑，却多了个张四郎。可称为“八仙”的乙组。

这乙组也不是只此一剧。明代无名氏的杂剧，如《降丹墀三圣庆长生》《众天仙庆贺长生会》《边洞玄慕道升仙》以及《吕纯阳点化度黄龙》四种都一样。可见是另一个八仙系统。

张四郎何许人也？翻了很多书都不见有关记载。说他就是张仙（即孟昶），也不像。因为张仙的画像是手拿弹弓的，而张四郎，据《众天仙庆贺长生会》剧云：“这一个笛吹一曲朝天去，引却鸾凤舞翠毛。”吹笛而不拿弹弓，显然不是那个张仙了。

元末杂剧家范子安撰写一个《陈季卿误上竹叶舟》剧，是杂剧中唯一出现何仙姑的。此剧的八仙名字是：

这一个倒骑驴疾如下坡（张果老）。这一个吹铁笛韵美声和（徐神翁）。这一个貌娉婷笊篱手把（何仙姑）。这一个鬓蓬松铁拐横拖（铁拐李）。这一个蓝关前将文公度脱（韩湘子）。这一个绿罗衫拍板高歌（蓝采和）。这一个是双丫髻常吃的醉颜酡（汉钟离）。吕纯阳是俺正非他（吕洞宾）。

这个剧有了何仙姑，却少了曹国舅，但徐神翁仍旧保留着。何仙姑也不是手执荷花，而是手持笊篱，竟似佛门弟子庞居士的女儿灵照的形象。

上面引了十四个剧，竟没有一个剧本是完全和吴元泰的《八仙出处东游记》相同的。最值得注意的是何仙姑只在一个剧本出现，比徐神翁、张四郎还更少，属于少数派。但自从《东游记》通行以后，何仙姑便稳稳跻登在八仙之列，把徐神翁、张四郎都挤下去了。

# 唐太宗游地狱和崔府君其人

唐太宗鬼魂游地狱的故事，在唐代就已经出现。张鷟的《朝野佥载》卷六有一条说：

太宗极康豫。太史令李淳风见上，流泪无言。上问之，对曰："陛下夕当晏驾。"太宗曰："人生有命，亦何忧也。"留淳风宿。太宗至夜半，奄然入定，见一人云："陛下暂合来，还即去也。"帝问："君是何人？"对曰："臣是生人，判冥事。"太宗入见，冥官问六月四日事，即令还。问见者又迎送引导出……须臾乃寤。

这就是《西游记》第十一回的最早来历。

张鷟是生活在武则天到玄宗前期间的文人，他的文章有"青钱万选"之称，流传到日本以后又回到中国的《游仙窟》小说，便是他的另一部著作。唐太宗死去回生的故事，在初唐已广为流传，因此张鷟把它收入《朝野佥载》中；文中说的"六月四日事"，正是指武德九年（626）六月庚申长安城里发生的那场大流血惨剧。那一天，李世民同哥哥建成（他是太子）、弟弟元吉，在玄武门前展开一场你死我活的争夺

唐太宗

皇位继承权的血战，结果，建成、元吉被杀，“太子派”的力量被消灭，李世民因此顺利登上帝位。史家们称这次事件为“玄武门之变”。

兄弟争夺帝位，以致骨肉相残，当时是震动天下的大事。以后民间便流行传说，说建成、元吉死后，在地府中控告李世民，于是太宗魂游地府，同建成、元吉对簿公堂；但太宗终于还阳了，证明建成、元吉还是理亏的。这就是故事的背景。

《朝野佥载》记唐太宗到阴曹事，情节太简单，使人看不出个究竟。其实在唐代，这个传说是颇为曲折的。

在敦煌石室发现的许多唐人钞本中，就有一份唐太宗入地府的故事。钞本现藏伦敦博物馆。可惜前后均已缺去，又每行之末各缺二三字，残损过甚，读来颇为吃力，不过主要情节还算清楚。此文王国维、鲁迅题作《唐太宗入冥记》，其后又收入于《敦煌变文集》卷二。由此钞本，可见这个故事在唐代流传甚广，佛教徒更利用这个故事大肆宣传，劝人信佛（至于这个故事是不是最先由佛教徒捏造出来，还无法断定）。

《唐太宗入冥记》故事大致是这样的（因前面残缺，这里是从中间叙起）：

太宗进入地府，通事引到殿上，太宗端立不动。殿上有人喝道："大唐天子何不拜舞？"太宗傲然答道："朕只受人拜，不惯拜人。阎罗王乃是鬼团头，因何索朕拜舞？"殿上阎王被骂，便吩咐左右，带太宗到判官处推勘。到一院门，太宗问判官是谁？答道："姓崔，名子玉。"崔子玉闻知太宗到来，即公服执笏下厅，通名唱喏，在帝前拜舞。太宗问崔子玉："卿在阳间时，与李淳（原作乾，误）风情分如何？"崔答："情同管鲍。"太宗道："淳风有信一封与卿。"崔子玉接信，收在怀中。太宗问何故，崔答道："有失朝仪。"太宗吩咐开读。子玉读罢，遥向长安道："李淳风，岂应将书嘱这个事来？"太宗甚惭，便问子玉："书中之事，可否做得？"子玉答道："实在较难。"太宗闻言，心下惨然，便求且放还阳三五日，将后事嘱付太子。子玉见帝伤怀，遂曰："且赐宽怀，再作商量。"于是引帝入屏墙东面。太宗见第六曹内有二人正在痛哭，问是何人，子玉对云："建成、元吉二太子也。"太宗便欲与二人相见。子玉道："二太子来此多时，苦请追勘陛下，称诉冤屈，词状颇切，所以追到陛下对直。如今不见也罢，否则臣亦难以相救。"说得太宗悚然。到了厅上坐下，又见有善童子来奏："唐天子在阳间，并无做善事，亦不书写经像。"子玉问："次造多少功德？"童子答（中缺）。崔子玉又命六曹官，取三卷命禄文书来查。查得太宗命禄应尽。子玉便提笔写道："十年天子，再归阳道。"此时子玉忽又想起，何不趁此机会，求天子加官，但难于启齿，太宗亦不悟，只答允给予钱物。子玉心想：若不吓他一吓，如何得官？便向太宗道："臣有一个问头，陛下若答得，即回归长安，若答不得，便无生路。"太宗要他出个容易问头，子玉却出这个问头："问：大唐天子太宗皇帝在武德七年，为甚杀兄弟于前殿，囚慈父于后宫？仰答！"太宗听了，无词可答。子玉便道："微臣能代答，但官职卑微，乞陛下赐臣一官。"太宗省悟，即封子玉为蒲州刺史兼河北廿四州采访使，御史大夫，赐紫金鱼袋，仍赐辅阳县正库钱二万贯。于是子玉对太宗道："皇帝答问头，只用六字可了：大圣灭族××（二字原缺）。"太宗听了，欢喜非常。子玉又请太宗回长安后，多修功德，讲《大云经》，大赦天下（下缺）。

"玄武门之变"的是是非非，笔者不想在此详论。然而很明显，第一，唐太宗不能不有内疚。第二，老百姓私下自然也有议论。第三，"太子派"的残留余孽当然会从中传播流言蜚语，认为太宗会受到报应。第四，佛教徒更会利用机会，造作建成、元吉在地狱控告太宗的谣言，一面恐吓，一面为本教谋取利益。有此数因，唐太宗入冥的故事便不胫而走，甚至写成文字流传，连敦煌石室里也藏有这个钞本了。

《西游记》作者自然不曾读过这篇《入冥记》，因为早已在社会上消失；但故事却仍在民间流传，也许还在和尚口中传播，吴承恩是不会不知道的。但他却有意抹去太宗入冥的主要原因，反而说是为了泾河龙的控告。这是有意还是无意，不得而知，不过，这一来，故事就改变了主题了。

唐太宗在地府遇见的那个人，《朝野佥载》没有点出姓甚名谁，《西游记》说他姓崔名珏，生前原是兹州县（注：兹州，应作磁州。即今河北省磁县）令，现任酆都掌案判官。其实便是《太宗入冥记》那个崔子玉。

唐代确实有崔珏，是个诗人，同李商隐同时，彼此交情甚好。李商隐有《送崔珏往西川》诗，崔珏也有《哭李商隐》诗。他生活在晚唐，同唐太宗入冥的事自然毫不相干。

原来传说之中，另外有个崔府君。

读过《说岳全传》的人，都知道有一段“泥马渡康王”的故事。这故事说，金兵南侵时，宋徽宗的儿子康王赵构留在金营，由金兀朮带领南行。来到夹江江边，康王有心逃走，便骑马南奔，中途马被兀朮射死，见一老人牵马上前，康王上马继续奔走，只见大江拦阻，康王策马跳入江中，渡过夹江，

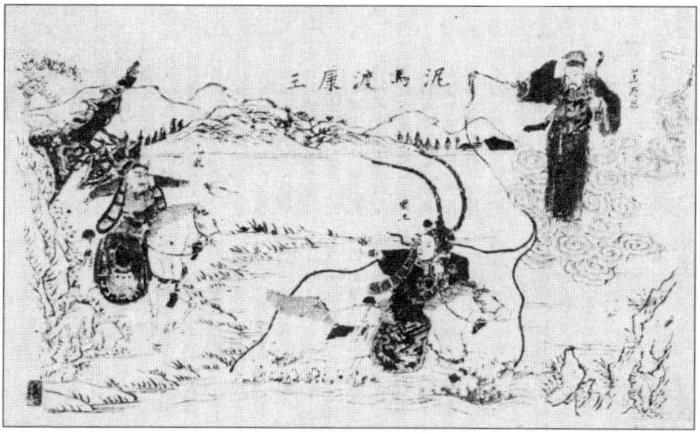


泥马渡康王

到了磁州崔府君庙，那马便现出泥马原形，即时坏了。

这个神话从南宋以来就广为流传。南宋有个大臣楼钥，曾著《攻媿集》，其中有一篇《中兴显应观记》，记载了杭州崔府君庙的来历，其中有几句说：

> 真君崔姓，庙在磁州，旁为道观。河朔人奉之五百余年矣。靖康中，高宗由康邸再使金，磁去金营不百里，既去，谒祠下，神马拥舆，肸蠁（按，指神灵的感召）炳然。州人知神之意，劝帝还辕。

文中提到“神马拥舆”，显然就是“泥马渡康王”的故事原型。

对于这个崔府君，楼钥认为，有人以为即是后汉的崔子玉，其实不然。他说，崔府君是唐代贞观（太宗年号）时人，曾为相州滏阳（即磁县）县令，再迁蒲州刺史，“史失其名，在滏阳有爱惠，民为立祠，后因葬其地”。因此崔府君的名字已不可考，自然也就不是崔珏。

神话必然越传越神。崔府君的故事到民间艺人手里也就尽量发挥。《大宋宣和遗事》有一段说：

> 康王单骑躲避，行路困乏，因憩于崔府庙，不觉困倦，依阶砌假寐。少时，忽有人喝云：“速起上马，追兵将至矣。”康王曰：“无马奈何？”其人曰：“已备马矣，幸大王疾速加鞭。”康王豁然环顾，果有匹马立于旁。将身一跳上马，一昼夜行七百余里，但见马僵立不进，下视之，则崔府君泥马也。

《说岳全传》正是从这里取材的。专制时代，“真命天子”出现，自然不能缺少神迹。康王赵构能成为南宋第一位皇帝，又怎可以例外呢！

以后，崔府君的神话又进一步丰富发展了。明代出版的《三教搜神大全》，其中有一篇崔府君的传记，便把这位神灵描画得活灵活现。

此书说，崔府君是祁州鼓城人，父亲名让，世为巨农，因年老无子，祷于北岳神庙，于是神灵托梦。夫妻在梦中见一仙童，手捧玉盒，盒中有美玉二枚，夫妻各吞一枚。醒后，

崔府君

妻便有孕。隋代大业三年（607）降生一子，名曰子玉。太宗贞观年间，上京考试，赐县令出身。崔府君“除潞州长子县令，正直无私，洞察秋毫。郡人皆言，知县昼理阳间，夜断阴府”。以后还写了许多神话，包括“泥马渡康王”的故事在内。正由于他“夜断阴府”，所以民间传说他死后在阴间得受酆都掌案判官之职。

《西游记》说崔府君看了阴司的生死簿，见唐太宗名下“注定贞观一十三年，吃了一惊，急取浓笔将一字添了两画，却将簿子呈上。十王从头细看，见太宗名下注定三十三年”。也就是说，还有二十年阳寿，于是决定让太宗还阳。这段话固然有其来历，但又使人发笑。因为唐太宗到贞观二十三年便去世，哪来的三十三年？吴承恩决不会不知道，但因为他写唐三藏取经，前后去了十四年，到贞观二十七年才回到长安，这就不可能让唐太宗死得太早，只好硬给加到三十三年了。既是小说，就不好向作者批驳，我们只好一笑置之。倒是地府阴曹，也有人弄虚作假，添改年寿，却颇有点讽世意味了。

# 千奇百怪的观世音菩萨

## 一、观世音原是美男子

常有人把美丽端庄的女子称为“生观音”，此语来源甚古。《西厢记》写崔莺莺出现时，张君瑞便唱道：“我只道南海水月观音现。”切合佛寺的环境，实在巧妙。如今凡有观音塑像的庙宇，那塑像无一不是美丽端庄的女性；画家笔下的观音菩萨，全都是圣洁的美人。有多少人能知道，观世音菩萨本来是个伟岸的丈夫，非凡的美男子？

美男子观世音的来头很大。在印度，他原是阿弥陀佛左手下的侍者（右面一位是大势至菩萨），他与阿弥陀、大势至共称为“西方三圣”。比起大势至来，观音菩萨的本领又特别大，被人称为“大慈大悲”。因为他专门负责救灾救难，凡是众生遇难，不论天灾人祸，只要念诵他的名号，观音菩萨会即时听见，即时出现在受难者的面前，施展无边法力，加以拯救。他的救人事迹，多到不可胜计。有一本叫《法苑珠林》的书，就开列了一批“神迹”。其中有一则说，北魏时，有个姓孙的人，平时敬礼观音。有一回，被捕的一伙强盗诬扳他是同伙，官府将他拘捕。他受刑不过，被迫承认，判定斩首。愁苦之际，梦中有人教他念《观音经》千遍，自可得救。他便日夜念经。临到行刑之时，刽子手挥刀砍下，那刀竟然折为两段，换了三把刀，同样如此。只见此人颈上仅有三道刀痕。官府大为奇怪，将此事上奏大臣高欢，于是获赦免死。真是信不信由你，观音菩萨竟有如此法力！

在佛教诸位菩萨中，观世音还有这样的神通：他能随时变成种种不同的人物。据说他有三十三种化身。其中有佛身，辟支佛身，梵王身，帝释身；还有天大将军身，小王身，长者身，居士身，宰官身，婆罗门身，比丘身，比丘尼身；还有长者妇女身，居士妇女身，宰官妇女身，童男身，童女身，龙身，夜叉身，执金刚神身，等等。他既有这三十三身的变化，更显得法力无边，可以忽男忽女，忽老忽少，忽而狰狞可怖，忽又美丽可亲。照我的想法，孙悟空的七十二变化，很可能就是从观音菩萨这种化身的本领引申而来的。

## 二、观世音来到中国以后

然而，很久以来，观音不是个赳赳的男子汉，而是美丽庄严的女菩萨，那又是为什么呢？这就要谈到中国的改造能手们的本领了。

这个男性观音，在古印度从来不作女形。唐玄奘——这是指历史上那个高僧，不是《西游记》的人物——到印度取经时，到处参拜，就不见有女性的观世音菩萨。如今还留在中国敦煌千佛洞里的不空羂索观音画像，也是作男性的，他那嘴唇之上还留着两撇黑色的胡子呢。但是自从他来到中国，那形象就逐步改变了。据说，早在南北朝时代，中国已开始出现女性化的观音；唐代以后，观音菩萨便普遍以女性的形象风行于人间。越到后来，女性观音的势力越大，弄得善男信女们竟不知道他原是个俊伟漂亮的男子汉了。

观音既经化为女性，于是又出现许多姿态不同、形状各异的模样来。于是又有所谓三十三观音的名号。这三十三观音的形态，有些常见，有些却不常见。其中如杨枝观音、白衣观音、鱼篮观音、水月观音、合掌观音、持莲观音、洒水观音、送子观音及千手观音，是人们所常见的；另有龙头观音、青头观音、延命观音、众宝观音、叶衣观音、蛤蜊观音、马郎妇观音、泷见观音之类，却是人们很少见到的。在空门的诸佛中，能有如此其多的变化和异形的，只有观音一人。难怪她成为家喻户晓的大人物了。

神是由人造的，也是由人来改变的。印度人造了观世音，中国信士把他接受过来，开头还是照原来的样子，但是慢慢就觉得他那漂亮的脸孔，似乎更接近于女性，便索性大胆加以改造。

清考据家俞正燮《癸巳类稿》认为，南北朝时代，观音已出现女形。引《北齐书·徐之才传》：“武成酒色过度，恍惚不恒，曾病发，自云初见空中有五色物，稍近，变成一美妇人，去地数丈，亭亭而立，食顷，变为观世音。”这个酒色之徒，在精神恍惚之中，居然看见观世音出现，而且是个美人。那时已经有观音的女形在社会上流传，还是此人进入精神分裂状态，竟把美男子的观音看成是美女呢？如今已无法查考了。

## 三、马郎妇与锁骨观音

再请看下面这个故事：

唐马郎妇者，出陕右。先是，此地俗习骑射，不知有三宝（按，佛、法、僧）名。元和十二年（817），忽有美艳女子挈篮卖鱼，人竞欲娶之。女曰：有一夕能诵《普门品》（按，佛经名）者，则吾归之。黎明，诵彻者二十余辈。复授以《金刚般若》，旦，通犹十人。乃更授《法华经》全帙，期以三日通彻，独马氏子能，乃具礼迎焉。入门，女称疾，求止别房，须臾便死，体即烂坏，遂瘗之。数日，有紫衣老僧至葬所，命启视，惟黄金锁子骨存焉。谓众曰：此观音大士，悯汝辈障重，故垂方便，示现以化汝耳。言讫飞空而去。

这故事《古今图书集成·神异典》引《法华持验》，是很著名的马郎妇的神异传说，又是锁骨观音的最早传说。唐人另一本《续玄怪录》也有锁骨观音，说延安有个来历不明的女子，妖冶淫荡，城中少年都同她狎昵，数年之后，此女死去，葬于道旁。其后有西域老僧来，说此女乃是锁骨观音，来此是“以淫止淫”的。掘开坟墓，果见其骨皆钩结如锁状。于是州人为设大斋，起塔藏其骸骨。这故事比上一传说更见荒唐，但《维摩诘所说经》早有此说：“或现作淫女，引诸好色者，先以歌钩牵，后令入佛智。”可见不是中国的发明，佛门中本来有此一说，表示佛祖能有多种变化，也有多种传教手段而已。

中国人对外来宗教一向有融合消化的本领，佛教来到中国，自也逃不出被融化改造的命运。例如禅宗呵佛骂祖，说释迦老子是干屎橛之类，在印度就绝不会出现。观音大士由男变女，也是一种融化改造，其目的是更顺利地在中国推行佛法。但为什么不把别的菩萨改造成女性，偏要选上观音大士来下手呢？猜想起来，大概有下面三种原因：

第一是观音大士有三十三种化身，既能化成男的宰官、将军，也能化成各阶层妇女的形象，这就说明大士的性别是可以随时改变的，把他拉来硬要他变作女菩萨，可谓根据充分，而又顺理成章。

其次是信奉佛法的妇女越来越多，她们极需要一个法力无边而又是女性的偶像来崇奉膜拜，来寄托愿望，而男性菩萨是不方便的。例如把偶像供奉在内室，向偶像求生子，求医病，求婚姻，求私愿之类，在男菩萨面前未免忸怩，在女菩萨脚下却可以尽情吐露。

还有，男信徒门也极愿佛门中有个女菩萨，倒不一定是想到女菩萨能给自己“施舍色相”，而是认为中国一向承认“一阴一阳之谓道”，有阳必有阴，有阴要有阳，不可缺一，这乃是“与天地合其德”。如果没有女菩萨，如何体现这天地之道？何况，男菩萨拦入家中闺阁之内，让妻女日夕与之相对，也实在缺少安全感。为了不使自己的内眷“上那汉子的当”，当然以女性为宜了。

为了弘扬佛法的需要，即便是大德高僧们明知观音大士不是女性，但女化之后的观音大士可以进入千万人家的闺阁之中，则对弘教大有好处，他们自然不但默许，而且会高念“阿弥陀佛善哉善哉”的。

这叫作“皆大欢喜”，从此观世音之为女菩萨，是再也不会逆转的了。

## 四、观音为何没有“三寸金莲”？

中国的改造家对这位菩萨的改造虽然极有胆识，但又并不彻底。唐代以后的观世音，固然丰姿绰约，苗条可爱，美似西施，艳比洛神，却有一件，他们不敢加以改造。那是什么呢？是观世音菩萨那双秀腿下面的一双大脚板。

也不知是由哪个朝代开始——据我看，应该是发源于北宋，而大大盛行于元、明、清吧。男士们忽然看不惯女士们借以坚挺地站立着的那双大脚板，要设法加以改造。他们首先从舞女、歌妓身上得到了启发：“你看，当她们载歌载舞的时候，当她们扭捏着腰肢走路的时候，那双瘦小的脚板多么动人！”他们在歌筵舞席上，一致为她们的“纤足”而喝采，把它称为“美的典范”。这种心理，恐怕也正如同西欧国家的男士们，从芭蕾舞中得到启发，因而一致认定女人穿高跟鞋要此穿平底鞋更为好看，从而大力提倡，加以推广，使之风靡世界一样。

但在开头，中国的男士们也不过让女孩子们把那双脚板裹得紧紧密密，尽量让它看来觉得瘦削纤小些，但这种风气一开，那后果便不堪设想，由瘦削纤小而更进一步，更加小些，再小些，而又成为弓形。于是，我们在唐代诗人的笔下，还不过读到“六寸圆肤光致致”的句子（那是唐末诗人韩偓在当时所见的），不过比正常的天足略小而已；到了北宋词人的笔下，人们便惊奇地发现，词人秦观竟然吟出“脚上鞋儿四寸罗”的词句；还有个赵令畤，甚至歌颂舞女的“稳小弓鞋三寸罗”了！他在《浣溪沙》词序中说：“刘平叔出家妓八人，绝艺，乞词赠之：脚绝，歌绝，琴绝，舞绝。”原来在能歌善舞之外，还有“脚小”一绝，多么可怕的色情偏嗜！

当然北宋时的舞女也不是完全变成了“三寸金莲”；同时代的词人贺铸有一首《换追风》，开头说：“掌上香罗六寸弓，雍容胡旋一盘中。”写一位舞女作胡旋舞，她的脚板也不过是“六寸弓”而已。但恶风一开，终于不可收拾，南宋时，卖笑的女子便居然以小足向人夸耀。辛弃疾有一首词提到这种现象：“闻道绮陌东头，行人长见，帘底纤纤月。”（见《念奴娇·书东流村壁》。有人说，“纤月”指眉，也有人说是指“纤足”，我以为还是指小脚为是，那道理也简单：隔着一道帘子，是不容易看到帘内人的眉毛的。）这风气开头还限于舞女和妓女，但不久便进入士大夫之家，闺秀们竞相效尤了。元末陶宗仪《辍耕录》说：“扎脚自五代以来方为之，如熙宁、元丰（宋神宗年号）以前人为者犹少。近年则人人相效，以不为者为耻也。”他说的是元代汉人的风气。到了明代，士大夫风气糜烂，此风愈盛，选妇要看“三寸金莲”，妓女更是以小足互相夸耀。明太祖的马皇后，因不缠足，民间传为笑谈；文人写小曲嘲笑大脚女人，元、明两代都不少，真是愈演愈烈。

满洲妇女是不缠足的，入关以后，开头也看不惯汉人这种风气，因此清帝也曾下令禁止缠足。顺治二年（1645）禁一次，无效；康熙三年（1664）也禁一次，也无效，终于只好听之任之。一直延续到晚清民初，“洋鬼子”大摇大摆进来了，中国学生也到外面留学，大家才实实在在觉得那“三寸金莲”丑陋难看（且不说其他方面的弊害），才终于废除了。算起来，这种提起令人面红耳热的恶习，其生命力居然延续了六七百年，流毒遍及上下，真是历史上难以解释的大怪事！

然而，观世音菩萨——这位人人崇敬的美女，却逃过了这个被改造的厄运，实在不能不使人惊奇。自从变成了美女，脸庞改了，头发变了，衣服换了，双手纤纤，腰肢婀娜，唯独一双天足，依然健在，谁也不敢动它分毫。为什么几百年间，士大夫们竟想不到改造她那双“八寸圆肤”，以求“统一的美”，莫非她真有什么神力，足以保护自己，不受侵犯么？

## 五、“鱼篮观香”的原形

《西游记》四十九回，写唐僧被妖魔擒去，闭在水底洞穴之中，三个师兄弟无法将师父救出。孙行者只得径赴南海，找寻观音菩萨救助。孙行者来到落伽山时，却不见菩萨。便径自闯入紫竹林去找，只见观音菩萨还未梳妆打扮。作者有五言韵语写道：

远观救苦尊，盘坐衬残箬。懒散怕梳妆，容颜多绰约。散挽一窝丝，未曾戴缨络。不挂素蓝袍，贴身小袄缚。漫腰束锦裙，赤了一双脚。披肩绣带无，精光两臂膊。玉手执钢

紫竹观音

刀，正把竹皮削。

据说，这便是世俗所传的“鱼篮观音”的真容，是个意态娇冶的美女形象。

于是行者上前参见，告诉情由。观音菩萨叫他出外稍待，不久，她便织就一个紫竹篮儿，同孙行者来到通天河，“菩萨解下一根束袄的丝绦，将篮儿拴定，提着丝绦，半踏彩云，抛在河中，往上溜头扯着，口念颂子道：‘死的去，活的住！’‘死的去，活的住！’念了七遍，提起篮儿，但见那篮里亮灼灼一尾金鱼，还斩眼动鳞”。

原来这妖魔乃是观音菩萨的莲花池里养的金鱼，每日浮头听经，修成手段，却来此间兴妖作怪。

这样一个鱼篮观音，在佛门中也有来历吗？有的。那就是“不空羂索观音”。

佛门中说观世音有三十三化身，其中一个化身叫“不空羂索观音”。这个化身的名字很怪，是什么意思呢？原来在佛门中，这个“羂索观音”正是民间的“鱼篮观音”的原型。《佛学大辞典》解释这位尊神的来历说：

胎藏界观音院之一尊也。或列为六观音之一。此尊持不空之羂索，钩取人天之鱼于菩提之岸。以此标帜而得名。“羂索”譬菩萨之“四摄法”，其羂索必有所获，故云不空。

那意思是说，这位观音菩萨手中拿的是一条绳索，把人间天上的鱼钓起来，放到菩提（即最高智慧）的岸上，所以叫羂索观音。为什么又叫“不空”呢？因为一般人用绳索猎取野兽或钓鱼时，往往失手落空，但是这位观音法力无边，只要放出绳索，从来不会落空，所以叫“不空羂索”。《演密钞》卷五说得很清楚：“世间羂索索取兽时，或中或不中，四摄羂索摄取众生，无不中者。”当然这只是一种比譬，无非是说，佛教法力无边，用佛法引渡众生，无人不信服，所以就叫“不空羂索”了。

这位尊神的形象很不寻常。有三面十臂、三面六臂、一面四臂三种不同形象。据《不空羂索神变真言经》的描写，他的三面六臂。正中一面慈悲和祥，头上还另有一副大梵天的脸孔，除双眼外，眉中心还有一眼。左边一面作横眉怒目之形，也是眉间另生一眼，鬓发上耸。右边一面也是横眉怒目，口中露出獠牙，十分可怕，也是眉间另生一眼，鬓发上耸。至于那六只手臂，一手拿绳索，一手持莲花，一手举三叉戟，一手执斧头，一手施无畏法印，一手握如意宝杖。身后放出光焰，结跏趺坐。这就是不空羂索观音的本来面目，是并不怎么可亲可爱的。

# 由战神化成的和事老

《西游记》的太白金星，是个善于调停和解、反对大动干戈的好心老头儿。他为了孙悟空的事，两回亲自到花果山，把孙悟空请到玉皇大帝跟前，封个官儿，化干戈为玉帛，虽然到底失败，但他那一派和平气象，还是给人留下好印象的。

可是自古以来，太白金星绝不是个“和平使者”；恰恰相反，太白金星和战争息息相关，不妨形象地说：他是个战神而非和平之神。

《汉书·天文志》写得很清楚:“太白，兵象也。出而高（升得很高），用兵深吉、浅凶（深入则吉，浅入则凶）；埤（升得低），浅吉、深凶。行疾（移动快），用兵疾吉、迟凶（快进军则吉，迟则凶）；行迟，用兵迟吉、疾凶。角（星有芒角），敢战吉，不敢战凶；击角所指（向芒角所指进击），吉；逆之，凶。”

《史记·天官书》也有类似说法:“用兵像太白，太白行疾，疾行（太白星移行快，军队也要快行）；迟，迟行。角，敢战。动摇躁，躁；圜以静，静（躁静要看太白星的样子）。顺角所指，吉；反之，皆凶。出则出兵，入则入兵。赤角，有战，白角，有丧。”

太白金星

《晋书·天文志》说："太白进退以候兵，高卑迟速，静躁见伏，用兵皆象之，吉。其出西方，失行，夷狄败；出东方，失行，中国败（失行指移动不正常）。"

因此古代的占星家，常常察看太白金星的变化，用来占算国家大事。这里举两个三国时代的例子，都见于《宋书·天文志》：

魏明帝太和四年十一月壬戌，太白犯岁星（按，即木星），占曰："太白犯五星，有大兵。犯列宿，为小兵。"五年三月，诸葛亮以大众寇天水，遣大将军司马懿距退之。

明帝青龙二年二月乙未，太白犯荧惑。占曰：“大兵起，有大战。”是年四月，诸葛亮据渭南，吴亦起兵应之，魏东西奔命。九月，亮卒，军退，将帅分争，为魏所破。

前一次正是诸葛亮又出祁山，用木牛运粮，在退军时，用伏弩射杀张郃的那次战役。《三国演义》第一百零一回有详细的描写。后一次是诸葛亮最后出斜谷，用流马运粮，在五丈原同司马懿对垒，卒至病死军中，退军时，魏延为杨仪所杀。其详也见于《三国演义》第一百零三至一百零四回。占星家果真如此灵验，你说怪不怪？

金星是太阳系的内行星，比地球更靠近太阳，就因为这缘故，金星是从来没有由东向西横过天空的。从地球看来，它升到一定高度，就回身了。换句话说，金星和太阳相距的角度从不大于四十七度。因此从地球看去，它有时很靠近太阳，有时又拉远，但绝不会超过四十七度。又由于地球公转的关系，金星有时天亮之前在东方出现，有时天黑之后在西方出现，于是古人错认是两颗星。《诗经·大东》说：“东有启明，西有长庚。”就误以为是两颗星。不过，汉代的人已经知道它其实是一颗星。《韩诗》说：“太白晨出东方为启明，昏见西方为长庚。”说明当时的观察已经很准确了。

大抵因为金星是所有天上星宿之中最明亮的，因地球大气关系，又常常射出尖锐的光芒，所以古人对它不免有些害怕，认为它是象征战争的，许多迷信附会就由此产生。

从害怕就会产生盲目崇拜，对天如是，对物如是，对人也如是。于是从秦始皇时代开始，就建立祭祀星辰的庙宇。《史记·封禅书》说：“雍（地名）有日、月、参、辰、南北斗、荧惑（即火星）、太白、岁星、填星（即土星）、辰星（即水星）、二十八宿……百有余庙。”既然这些星宿都入了庙，受到拜祀，老百姓也就认为它们都是神，而神照例都有个人的样子。但不知什么时候开始，“凶恶”的金星却变成白胡子笑嘻嘻的老头儿，那战神的形象，在《西游记》中反而给了战斗胜佛——孙悟空了。

# 仙乎佛乎

——有趣的哪吒

凡读过《封神演义》和《西游记》的，无不知有哪吒其人。在《封神演义》中，哪吒这人物塑造得最好，极有本领，也极有个性，他和父亲李靖斗气一场，有声有色，是全书中最精彩的段落。他在伐纣的大小数百战中，累立大功，同杨戬是一双难兄难弟，每次出场，都能使读者精神为之一振。

《封神演义》自然是把哪吒作为道教的神来歌颂的，由他如何出世，如何惹祸，如何死去，为何复生，以及以后的战斗生活，终于肉身成圣等等，都交代得一清二楚。他是道教一尊大神是无疑的。可是说也奇怪，同一个哪吒，佛家却又说他是佛门的神灵。据说他乃是毘沙门天王之子，称为三面八臂大力鬼王。这一来，哪吒是仙还是佛就成了问题，他应该归入哪个教门去才好呢？

## 一、八臂哪吒是一尊道教的塑像

《三教搜神大全》记载哪吒的事很详细，显然是经过道士们的精心编织而成的：

哪吒本是玉皇驾下大罗仙（引者按，一开头就咬定他是仙，即非佛门之神也）。身长六丈，首带金轮，三头九眼八臂，口吐青云，足踏盘石（按，风火轮的原型也），手持法律（按，法律是道家用具之一），大喊一声，云降雨从，乾坤烁动。因世界多魔王，玉帝命降凡，以故托胎于托塔天王李靖，母素知夫人，生下长子军吒（按，《封神演义》改作金吒），次木吒，帅三胎哪吒。生五日，化身浴于东海，脚踏水晶殿，翻身直上宝塔宫。龙王以踏殿故，怒而索战，帅时七日，即能战，杀九龙。龙王无奈何而哀帝（按，求告于玉帝），帅知之，截战于天门之下而龙死焉。不意时上帝坛，手搭如来弓箭，射死石记娘娘（按，《封神演义》作石矶）之子，而石记兴兵，帅取父坛降魔杵，西战而戮之。父以石记为诸魔之领袖，怒其杀之惹诸魔之兵也，帅遂割肉刻（按，似应作削）骨还父，而抱真灵求全于世尊之侧（按，世尊，佛祖也，哪吒与佛还是藕断丝连，但《封神演义》却说太乙真人救了他，干脆割断与佛的关系）。世尊亦以其能降魔，故遂折荷茎为骨、藕为肉、丝为胫、叶为衣而生之，授以法轮密旨，亲受木长子三字，遂能大能小，透河入海，移星转斗……故诸魔若牛魔王、狮子魔王、大象魔王、马头魔王、吞世界魔王、鬼子母魔王、九头魔王、多利魔王、番天魔王、五百夜叉、七十二火鸦，尽为所降，以至于击赤龙、降孽龙（按，以上诸魔，多数出自佛典中，亦可见道家的剽窃痕迹）。

哪吒的两个不同形象

盖魔有尽而帅之灵通广大，变化无穷。故灵山会上（按，又是一个佛教名词）以为通天太师，威灵显赫大将军。玉帝即封为三十六员第一总领使，天帅元领袖，永镇天门也。

这段记载，早于《封神演义》而出现，是由那些善于向佛门盗窃材料的道士们东拼西凑而成的，其中佛道夹杂，很不像话。但《封神演义》作者到底比这些人聪明，凡是杂入佛教成份的，他都一笔勾掉，再加上伐纣的故事，遂使哪吒成为标准的道教之神。此后，道教哪吒的形象在民间广泛流传，至今不衰。

## 二、佛门的哪吒和他的父亲

哪吒本来是佛教的神，在中国，他的名字最迟在唐代已经出现。唐郑綮《开天传信记》载长安西明寺有个持戒律很严的和尚，名叫宣律，有一段神奇故事：

宣律精苦之甚，常夜行道，临阶坠堕，忽觉有人捧承其足。宣律顾视之，乃少年也。宣律遽问："弟子何人，中夜在此？"少年曰："某非常人，即毘沙王之子哪吒太子也。护法之故，拥护和尚久矣。"宣律曰："贫道修行，无事烦太子，太子威神自在，西域有可作佛事者，愿太子致之。"

太子曰："某有佛牙，宝事虽久，头目犹舍，敢不奉献。"宣律求之，即今崇圣寺佛牙是也。

这个哪吒，乃是毘沙天王的儿子，也是佛教的守护神之一。这个哪吒，比道教的哪吒早得多，唐玄宗时代已经出现了。可惜这哪吒到底有多大本领，书上却没有记载。

宋代出现了一本禅宗专著《五灯会元》，这本书又有"那叱太子"一条说："那叱太子析肉还母，析骨还父，然后现本身，运大神力，为父母说法。"

这个"那叱太子"，自然即是哪吒太子，传写讹误，变"吒"为"叱"而已。证据就有南宋著名的诗话——严羽《沧浪诗话》为证。《沧浪诗话》作者答吴景仁书中，有两句说："吾论诗，若哪吒太子析骨还父，析肉还母。"

哪吒的莲花化身故事，最早见于此，但又语焉不详。哪吒究竟为什么要"析骨还父，析肉还母"？所谓"现本身"又是什么？哪吒既有本身，可知他另有个来历，这来历又是什么？"运大神力为父母说法"，显然近似佛祖的身份（至少是菩萨），不是一般人所能，那么，哪吒的原身是佛祖或菩萨吗？

至此，我们又要追查哪吒的父母是什么人物了。《开天传信记》说哪吒之父是毘沙天王，现在就查查这个天王的根脚。

在佛寺山门两廊的守护神四大天王之中，其中一个就是昆沙天王。这天王又叫多闻天王，主镇守北方，职责是保护佛法。他的形状狰狞可怖，但所持之物又因传说不同而异，有说他“右扼吴钩（剑的一种），左持宝塔”的，有说他手上常有神鼠的，有说他“右手执戟，左手捧塔、履石”的，也有说他“披甲持矛”的，还有说他脚踏两只夜叉的，种种不一。在古神话传说中，他与另一女神吉祥天是夫妻关系。吉祥天又名功德天，据说是鬼子母所生；还有一说吉祥天和昆沙天王是兄妹关系，其貌极美。有些昆沙天王画像，作男女双身之状，则说明这两人是一对夫妻了。

昆沙天王可以娶妻生子，便不是和尚，只能是护法之神而已。护法神可以是世俗之人，所以也有人说昆沙天王本是西域某一部落的英雄，因其能弘扬佛法、保护佛教而被后人尊为天王，成为四大金刚之一。

昆沙天王既是世俗之人，娶妻生子自然不足为奇；哪吒是他的儿子，当然也有可能。不过可惜的是，哪吒的神话传说在佛典中几乎荡然无存，他是什么佛托生在昆沙天王家中的，为何要“析骨还父，析肉还母”，又凭什么神通向父母说法，所有这些都弄不清楚。

## 三、哪吒是佛道渗透的产儿

正因有关哪吒生平身世的故事严重失传，于是一向善于向佛教的菜盘子里捞些油水下脚的某些道士——以造神骗人为业的道士，瞅着这个空档子便大做手脚了。他们把哪吒这名字拿了过来，硬说是道家的神灵，是玉帝手下大罗仙之一，为了便于降魔，他才投胎到李靖家中托生为人，而为人以后，又如何如何英雄，可说是编得天花乱坠，使人目迷。尤其巧妙的是道士们从“析骨还父，析肉还母”八个字中，编出一串入情入理、波澜起伏的故事来，这一串曲折动人的故事，其精彩之处绝不在古希腊罗马神话之下。数百年来，“哪吒闹海”故事进入小说，进入戏剧，为读者观众津津乐道，盛行不衰，近年进入了卡通电影，哪吒的形象更其生动，更富魅力了。

虽说是道士们从佛门里捞过来的一盘下脚，可他们却真有起死回生的本事，重新塑造一个性格突出、肉血充盈的少年天神来。我们虽瞧不起道士们不干不净的手脚，可是对于哪吒的再现，还是应当肯定，不单肯定，而且不能不佩服的。

宋、元、明这几百年，是中国儒、佛、道三家互相排斥、对立，而又互相渗透、融合的“非常时期”，其结果便是你中有我，我中有你。那些艰深烦琐属于理论性的东西，这里不说，单说那一眼看去便知的，实在也多得一时数不清。试看《西游记》和《封神演义》吧，不就是忠孝节义、空观假观、飞天入地、丹灶药炉……统统都搅和在一块吗！

就拿李靖手上那个金光闪闪、神化无边的宝塔来说说吧。

大家知道，中国之有宝塔，是佛教传播进来以后的“宝贝”。如今已是无地不有，无人不识。这东西本来叫窣堵波，又叫浮图，又叫浮屠，又叫宝塔，是安放佛物、经文，埋藏和尚的舍利子和遗物的地方，道教是没有的。因为道教主张炼丹，丹成可以长生，可以升仙，遗下的只是药炉丹灶，不是舍利子，用不着什么宝塔。然而奇怪的是，李靖这个道家人物，手里唯一的宝贝却是宝塔。这宝塔前面说过，乃是毘沙天王手里的东西，是象征他能保护佛门的，如今却落到李靖手里。这不分明是一件“赃物”，从佛家门下弄过来的么？至于是哪个朝代的道士的“杰作”，却很难查考。虽说《水浒传》已经出现“托塔天王晁盖”其人，但这“托塔天王”绰号也许还是从毘沙天王得来，而不是李靖。照笔者的看法，李靖变为托塔天王，大抵是元代才出现的吧。

# 怪怪奇奇女儿国

## 一、希腊的阿玛宗女战士

在古希腊神话传说中，有个英勇善战的女人国，她们的族名叫阿玛宗，居住在迈俄提斯湖（亚速海）沿岸或小亚细亚地区。这些女人的形象和女战神雅典娜差不多，用的武器是弓箭、长矛和轻便的双刃斧、半月形盾。据说她们为了便于拉弓射箭，把出生后的女孩子的右乳用火烙焦，使它不再发育，因此又有“无乳者”的名称——阿玛宗便是古希腊语“无乳者”。不过在古希腊罗马的艺术品中，她们的身体发育正常，十分健美，并无烙乳的痕迹，因此也有人认为这个传说不可靠。

这些女人为什么不会断子绝孙，照样繁衍呢？有人说，她们把邻近部落的男子接回来成婚，成婚不久，就把男子打发走。以后生下男孩，交还父亲，生下女孩就留在族中抚养，教她练习武艺，因此阿玛宗人一个个都是能征惯战的女勇士云。

关于阿玛宗人和希腊大英雄赫拉克勒斯的故事，是很著

雅典娜

名的。赫拉克勒斯是宙斯和美女阿尔克墨涅所生，力大无穷，学会多项本领。由于宙斯的妻子赫拉非常妒忌他，多次企图谋害，有一回，赫拉用了巫术使赫拉克勒斯发了疯，杀死自己两个儿子。他醒来后十分悔恨，便答应为佩耳修斯族完成十二件大事，其中一件就是夺取阿玛宗女王希波吕忒的腰带。阿玛宗女战士虽然英勇，却也抵敌不过这位天生英雄，只好让他取走了腰带。

到底历史上有没有阿玛宗人呢？历来历史家的说法不一。近年，苏联顿河流域的草原地带古墓中，挖出了一批陶器，其中有些瓦罐，居然绘画了女战士左手持盾挡马，右手挥舞长矛，拦住骑马持盾的男子的图案。于是考古家大感兴趣，认为阿玛宗这个女儿国曾经是确实存在过的。

## 二、中国远古女儿国传说

世界各民族的古传说中，女儿国不止出现在西方，东方也同样出现过。

中国有一本古神话《山海经》，最早记载了有个女子国。此书的《海外西经》说：

女子国在巫咸北，两女子居，水周之。一曰：居一门中。

郝懿行《笺疏》解释曰：

《淮南子·地形训》有女子民。高诱注云：其貌无有须，皆如女子也。此说非矣。经言丈夫、女子国，并真有其人，非但貌似之也。

《太平御览》引《外国图》亦云：

方丘之上，暑湿，生男子三岁而死。有潢水，妇人入浴，出则乳矣（“乳矣”就是怀孕）。

又《三国志·魏志·东夷传》云：

有一国亦在海中，纯女无男。

《后汉书·东夷列传》云：

又说海中有女国，无男人，或传其国有神井，窥之，辄生子云……自女王国东度海千余里至拘奴国，虽皆倭种，而不属女王。自女王国南四千余里至朱儒国，人长三四尺。

《异域志》也有《女人国》一则：

其国乃纯阴之地，在东南海上，水流数年一泛，莲开长丈许，桃核长二尺。若有舶舟漂落其国，群女携以归，无不死者。有一智者，夜盗船得去，遂传其事。女人遇南风，裸形感风而生（子）。

上面这些记载，一方面是过分简略，一方面又是地区方位不明。大体上说，在古代太平洋的某些岛屿中，也许确实有过以女性为统治中心的国家，或女子占了绝大多数。至于她们如何繁衍后代，却不得而知，也许是从邻国的男子结婚，怀孕后仍返本国，生下女子便留下来，犹如阿玛宗人那样。

至于喝下神井的水便生孩子，或者在河川中洗浴以后会生孩子，那只是神话，事实上不会有的。

## 三、关于西梁女国

女儿国的传说，小说家自然是不肯放过的，于是《西游记》和《镜花缘》都为此而大做文章。

吴承恩是个幽默大师，他安排唐僧的八十一难中，自然免不了有误入女儿国的情节。不过，唐僧的误入女儿国，却先有个楔子，那便是在子母河边，和八戒都喝了河中之水，登时两个肚子发疼，渐渐胀大，似有块肉团，不住的骨突骨突乱动。

于是村舍的老婆子对他四众师徒说出下面这番话：

我这里乃是西梁女国。我们这一国尽是女人，更无男子，故此见了你们欢喜。你师父吃的那水不好了。那条河唤做子母河。我那国王城外，还有一座迎阳馆驿，驿门外有一个照胎泉。我这里人，但得年登二十岁以上，方敢去吃那河里水。吃水之后，便觉腹痛有胎。至三日之后，到那迎阳馆照胎水边照去，若照得有了双影，便就降生孩儿。你师吃了子母河水，以此成了胎气，也不日要生孩子。

本来，单雌无雄，靠喝了什么河中之水，便能怀孕，这还是在人情意料之中；不料本是个男子汉，喝了这河中之水，一样也要怀孕生子，却真是神奇之中又一神奇，只有吴承恩这个善于跳出三界的人，才能有此异想天开的本领。

《西游记》写西梁女国，只有这一节精彩，等到孙行者和沙和尚到聚仙庵取回神水，解了师徒二人之难，再演述师徒四众进入西梁女国时，那情节便很平淡了。无非是女王招夫，行者设计，摆脱了女王的纠缠。这却是人人意中的事，也是意中之文。吴承恩似乎也意识到文字过分地平淡，于是在离开女国之际，突然跑出一个妖精，也是女的，平空把唐僧摄去。原来这个女妖却是蝎子成精，三个徒弟花了老大气力，斗她不过，只得请了昴日星官来，才把她收服。这算是补上一笔热闹的文字，把西梁女国的平淡无奇做了一些挽救。

## 四、《镜花缘》中女儿国的奇事

写《镜花缘》的李汝珍，显然对于中国历史上的男尊女卑思想持着反对态度的。书中写武则天当皇帝，开科考试才女，录取了一百人，一个个都才高学广，书画、琴棋、医卜、星相、音韵、算法……无所不能，意在为世间的女子扬眉吐气。作者对于社会上加在女子身上的种种歧见、鄙见，种种压迫，尤其不满，其中第三十二回开始，写林之洋误入女儿国，被逼做了王妃一段，更是有意向大男子主义狠狠开了个玩笑。

此段开头说：

这女儿国非那女儿国可比。若是唐三藏所过女儿国，不独唐兄不应上去，就是林兄明知货物得利，也不敢冒昧上去。此地女儿国却另有不同，历来本有男子，也是男女配合，与我们一样。其所异于人的，男子反穿衣裙，作为妇人，以治内事，女子反穿靴帽，作为男人，以治外事。男女虽亦配偶，内外之分，却与别处不同。

原来这个女儿国实行的是女权制，以女性为中心，由女人掌握社会一切大权。女的治男事，男的治女事，恰恰同中国相反。这样的女儿国，在原始杜会即所谓母系氏族社会，也许会出现过，但也不至于如此一切颠倒。作者李汝珍分明是痛恨“夫为妻纲”“女子之言不出于阃”这一套道学家的说教，有意给它来一个颠倒的。

最妙的是写林之洋被女国王看中，要收他为妃子，却先要林之洋穿耳、缠足、搽粉、熏香作女儿打扮一段。书中林之洋被逼缠足的情景，真写得淋漓尽致，可作一篇“反缠足文”来读：

话说林之洋两只“金莲”，被众官人今日也缠，明日也缠，并用药水熏洗，未及半月，已将脚面弯曲折作两段，十趾俱已腐烂，日日鲜血淋漓。一日，正在疼痛，那些宫娥又搀他行走，不觉气恼夹攻，暗暗忖道：“俺林之洋捺了火气，百般忍耐，原想妹夫、九公前来救俺，今他二人音信不通，俺与其零碎受苦，不如一死，倒也干净。”手扶宫人，又走了几步，只觉疼得寸步难移。奔到床前，坐在上面，任凭众人解劝，口口声声只教保母去奏国王，情愿立刻处死，若要缠足，至死不能。一面说着，摔脱花鞋，将白绫用手乱扯。众宫娥齐来阻挡，乱乱纷纷，搅成一团。保母见光景不好，

古代妇女服饰

即去启奏。登时奉命来至楼上道："国主有命，王妃不遵约束，不肯缠足，即将其足倒挂梁上，不可违误。"林之洋此时已将生死付之度外，即向众宫娥道："你们快些动手，越教俺早死，俺越感激，只求越快越好！"于是随着众人排布。谁知刚把两足用绳缠紧，已是痛上加痛，及至将足吊起，身子悬空，只觉眼中金星乱冒，满头昏晕，登时疼得冷汗直流，两腿酸麻，只得咬牙忍痛，闭口合眼，只等早早气断身亡，就可免了零星吃苦。挨了片时，不但不死，并且越吊越觉明白，两足就如刀割针刺一般，十分痛苦。咬定牙关，左忍右忍，哪里忍得住，不由杀猪一般叫喊起来，只求国王饶命。保母随即启奏，放了下来。从此只得耐心忍痛，随着众人，不敢违拗。众宫娥知他畏惧，到了缠足时，只图早见功效，好讨国王欢喜，更是不顾死活，用力狠缠——屡次要寻自尽，无奈众人日夜提防，真是求生不能，求死不得。不知不觉，那足上腐烂的血肉都已变成脓水，业已流尽，只剩几根枯骨，两足甚觉瘦小……

缠足这种陋习，起于南宋，盛于元、明，经历清朝不改，一直进入近代历史，最后才被"西风"扫荡干净。在这八百年间，不知多少亿万妇女，受尽折骨之苦，跛行之灾，可说是中华历史上的奇耻大辱！而男士们却居然以为"三寸金莲"乃是世上绝美的事物，真令今人百思不得其解。看来李汝珍也是痛恨缠足的极少数男士中的一个，因此特意借女儿国为题狠狠写了这一章，“以其人之道还治其人之身”，痛抒他的悲愤。在林林总总的中国古典小说中，不能不是空谷足音了。

中国人眼里手下的女儿国，和希腊人的完全不同。阿玛宗人似乎是以雅典娜为模型，美丽而又严峻，是不可侵犯的。东方式的女儿国大抵都信奉和平，保持着女儿的本色。但是也有例外，明人罗懋登的《三宝太监西洋记演义》，也出现一个女人国，那里面的女人，便不那么好惹了。

## 五、太监进入女儿国的奇文

《三宝太监西洋记》第四十六回，写的是三宝太监一支远征部队来到了女儿国，这国中的女儿，能征善战。带兵的王爷本想径自过去，无奈三宝太监却要她国王先递降表。于是由三宝太监单人匹马，进入王城，去见女儿国王。谁知女王见三宝一表人材，便起了邪心，摆开御宴，把个三宝老爷灌得大醉，命女官径把他送到胡床之上，只见那女王——

也不由老爷分说，一把搂住老爷。老爷把个脸儿朝着里首，只做一个不得知。把老爷的三小帽儿去了，也只做不知。又把老爷的鞋脱了，也只作不知。又把老爷的上身衣服脱了，也只作不知。又把老爷小衣服褪了，也只作不知。又把个被来盖着老爷，也只作不知。你看她欢天喜地除了首饰，去了衣裳，扒到胡床之上，掀起个被角儿瞧了瞧，只见老爷的肌肤白如雪，润如玉。女王心下好不快活也。想一想，说道："我今日得这等一个标致的丈夫，也是我前世烧得香好哩！"惹动了那一点淫心，一把搂着老爷，叫上一声"亲亲"，做上一个蜜蜜甜甜的嘴，恨不得一时间就偎红倚翠，云雨阳台。却只是不得老爷动手。她自己就把个手来摸上一摸，只是庭前难觉擎天柱，门外翻成乳鸭池。那女王吃了一惊，一轂碌扒将起来，说道："郑元帅，你是个阳人？你是个阴人？"老爷道："我们是个体阳而用阴的。"女王道："怎叫作体阳用阴？"老爷道："我原初是个男子汉大丈夫，这不是个体阳？那后面阉割了，没有那话，做不得那话，这却不是个用阴？"女王听着没有那话，做不得那话，高叫一声道："气杀我也！"

这一回，正是晦气的女王，撞上个无根的汉子，闹了个风流大笑话。因为这是写三宝太监的小说，这个情节实在少不得，少了它，便算不得三宝太监下西洋了。有人说这回书有点低级趣味，我却不是这样想，因为在别的小说里，虽然也写女儿国，这个情节却是胡编不上。如果作者不特意写这一段，真是大为失色，落得个"提了鹿儿不会脱角"之讥了。

世界上果真有女儿国吗？笔者写此文时，恰好读到一篇报纸的报道。据说，英国北部的威尔斯，有个村名叫戴姆维斯村，村里出生的孩子全是“千金”，只得用招婿来传宗接代。婿招回来，生的还是女孩。于是科学家前往调查，查得村民饮用的水是从一个废矿物场里流出来的。科学家对水进行化验，发现镉的含量很高。

原来男性精子含有 X 染色体和 Y 染色体，当含 Y 染色体的精子与卵子结合时，则生男孩；当含 X 染色体的精子与卵子结合时，则生女孩。然而，X 精子要比 Y 精子的抵抗力强得多，当男性体内镉含量增高时，首先损害了含 Y 染色体的精子，而 X 精子得以生存下来并与卵子结合，便造出女孩来。这便是女儿村的秘密。

照此看来，女儿国竟是实有的，其原因是饮用的水作了怪。假如现在什么地方也出现了女儿村，或一直是女多于男，倒不妨查一查是不是水里的镉多了的缘故。

# 它的故事比凤凰、孔雀还热闹

——专吃海龙的大鹏金翅鸟

一部洋洋洒洒的《西游记》，若论法力无边，自然要算西方的如来佛祖。因为《西游记》既然写的是“西天取经”，这些佛经又是如此珍贵难得，那如来佛祖自然也该是个了不起的人物，高踞于天上众神、众仙、众佛之上了。

## 一、《西游记》如是说

《西游记》里写了上百个神话故事，其中出现的大小妖魔不计其数。他们的本领有大有小，大的甚至出动大批天兵天将，也无奈他何。但是，其中要劳驾“最高主宰”如来佛祖亲自出马的，却只有两次。一次是降服那个天不怕地不怕的齐天大圣；另一次，便是到狮驼国去收服那个三魔——大鹏金翅鸟了。

《西游记》第七十七回写道：

只有那第三个妖魔不伏。腾开翅，丢了方天戟，扶摇直上，轮利爪要刁捉猴王（读者当会记得，孙行者一个跟斗云去十万八千里路，但也比不上它那双翅的迅疾，它一搧就去了九万里）。原来大圣藏在光中，他怎敢近。如来情知此意，即闪金光，把那鹊巢贯顶之头，迎风一晃，变做鲜红的一块血肉。妖精轮利爪刁他一下，被佛爷把手往上一指，那妖翅膊上就了筋，飞不去。只在佛顶上不能远遁，现了本相，乃是一个大鹏金翅雕……佛祖不敢松放了大鹏，也只教他在光焰上做个护法。

## 二、佛经中的“迦楼罗”

《西游记》出现这个大鹏金翅雕，乃是取材于佛经，却又不全依照佛经。我们拿佛经中的记载同《西游记》比较一下，便可以看出吴承恩化故为新的巧妙手段。

佛经中所说的金翅鸟，译音叫迦楼罗，或泽揭路荼、迦喽荼等等，又译为妙翅鸟、顶瘿鸟。据说此鸟极大，阎浮提世界只能容纳它一只脚。它两翅相去三百三十六万里，翅上金光闪闪，还杂以五彩的虹光，十分美丽。不过它的性格非常凶暴，专吃海中的龙。它捕捉海龙又有出奇的本领，只须双翅扇动，便能将海水一分为二，使潜伏海底的龙无所遁形，任它擒拿。可见这种怪鸟比龙王还厉害得多。佛经又说此鸟不仅吃龙，也能吞吃金银玉石，全都加以消化，唯独金刚石乃最坚之物，它无法吞食。这种怪鸟，在中国古籍中，也确实只有《庄子》所说的大鹏能勉强比拟。

齐天大圣

不过佛经并没有提到金翅鸟同如来佛祖打过什么交道，自然也非如《西游记》所说，它在佛祖头顶的光焰中做了一员护法之神。此事只是小说作者自己杜撰出来的。

有一本名叫《观佛三昧经》的佛经，还记载了一些奇怪的故事，颇能看出它不是个好家伙。此经说，金翅鸟在南赡部洲每日食一个龙王，还加上五百条小龙。日子久了，四大部洲的龙差不多都给它吃光了。大约时间已过了八千年之久，金翅鸟也衰老将死。剩下来被吃掉的龙，此时已产生抵抗力，能吐出毒液，使金翅鸟无法取食。它饥饿难忍。有一回，奋尽最后力量，双翅猛扑，从海底飞上风轮天，又由风轮天扑进海底，如此反复七次，终于跌在金刚轮山上，力尽身亡。又因它食龙太多，身内积聚的毒一旦发作，全身腾起火焰，引起燎原大火，猛烈燃烧。当时金刚轮山上有个难陀龙王，怕它把宝山完全毁灭，立即施展强大法力，使天上降下大雨。据说雨滴有车轮那么大，终于把大火扑灭，而金翅鸟的骨肉也为大雨摧毁，只余下一个巨大的心脏，呈现纯青如琉璃的颜色。难陀龙王取来作为龙宫中的宝珠，后来帝释又拿了装饰在宝髻之上。

此外还有一些佛经说，佛徒们修得一种迦楼罗法，能除毒龙或毒蛇之害。这可能就是因为迦楼罗生平爱吃龙蛇之故了。

## 三、《封神演义》的羽翼仙

佛经的金翅鸟，在《封神演义》中也有出现。它便是在第六十二回书中出现的蓬莱岛羽翼仙。羽翼仙既不是属于阐教门下，也不属于截教门下，无非是个散仙。他之与姜子牙作对，乃因误听了别人谗言。书中写羽翼仙——

出了辕门，现了本像，乃大鹏金翅雕。张开二翅，飞在空中，把天也遮黑了半边，好利害！有赞为证。赞曰：

二翅遮天云雾迷，空中响亮似春雷。曾搧四海俱见底，吃尽龙王海内鱼。只因怒发周岐难，还是明君福德齐。羽翼根深归正道，至今万载把名题。

羽翼仙能扇干四海水，吃尽龙王之鱼，可见来源还是从佛经的迦楼罗变来。羽翼仙企图用双翅把海水扇来，淹没西岐，幸而姜子牙移来北海之水，把城郭罩住，元始天尊又用琉璃瓶的三光神水，盖在北海水面之上，使金翅鹏用尽平生之力，也不能成功。后来燃灯道人把银索子化成点心，让他吃了，才将他收伏。这羽翼仙自此成为燃灯道人的门徒。到了第七十回，孔宣兵阻金鸡岭，燃灯道人呼唤大鹏雕来，与孔宣决战——

孔宣见大鹏雕飞至，忙把顶上盔挺了一挺，有一道红光直冲牛斗，横在空中。燃灯道人仔细定睛，以慧眼观之，不见明白，只听见空中有天崩地塌之声。有两个时辰，只听得一声响亮，把大鹏雕打下尘埃。

原来孔宣乃是孔雀成精，后来被准提道人收伏。不过，这个大鹏金翅鸟却斗不过孔雀精，未免大失其威猛了。

佛教讲“轮回”，所谓“前生”“今生”“后生”，都有因果。这个轮回之说，也在中华大地大行其道。于是，大鹏金翅鸟也居然因轮回而投生人间。

## 四、张飞、岳飞与大鹏金翅鸟

清人有一本《听雨轩笔记》说：

昔在郡城城隍庙，见有说《三国演义》葭萌关桓侯（张飞）战马超者。言孟起与桓侯苦战三日夜，欲于马上擒桓侯而未能，遂诈败，桓侯追之。孟起回身手掷飞抓罩其首。盖新息侯援（即东汉马援）素精此技，昔佐光武定天下，百步之内，取敌人首如囊中物，孟起之家传绝技也。桓侯见飞抓自空而下，猝不及防，不觉大声而呼，举蛇矛向上格之。孟起回望，桓侯顶上黑气冲天而起，内现一大鸟，以翅击抓，抓坠于地不可收，大惊而退。后李恢说之，遂降昭烈。世传桓侯是大鹏金翅鸟转生，故急迫之际，元神出现耳。

大鹏金翅鸟又不止托生成为张飞，以后它又托生下凡，变成抗金名将岳飞。大致因为他字鹏举，因此便成为“证据”。

《说岳全传》是这样写这段因果的：

西方极乐世界大雷音寺如来佛祖，有一天端坐莲台，向大众说法——

正说得天花乱坠、宝雨缤纷之际，不期有一位星官，乃是女土蝠，偶在莲台之下听讲，一时忍不住，撒出一个臭屁来。我佛原是个大慈大悲之主，毫不在意。不道恼了佛顶上头一位护法神祇，名为大鹏金翅明王，眼射金光，背呈祥瑞，见那女土蝠不洁，不觉大怒，展开双翅落下来，望着女土蝠头上，这一嘴，就啄死了。

这大鹏金翅鸟行了凶，如来佛祖心中不忍，遂将金翅鸟贬下尘凡，投生人世，以了此一段因果。这金翅鸟于是降生在河南汤阴的岳家，成为岳飞。至于那女土蝠，也降生在王家，成为秦桧的老婆，报了那一啄之仇云云。

岳飞

轮回报应的说法，很早就影响了中国的小说家。现存的《三国志平话》，一开头就叙述了一段神话，说汉高祖因大杀功臣，上天震怒。有个叫司马仲相的人，在阴曹判案，判令韩信托生为曹操，彭越托生为刘备，英布托生为孙权，汉高祖托生为献帝，吕后托生为伏皇后，还有蒯通托生为诸葛亮。因此三国之时，魏、蜀、吴分了汉家天下，而韩信托生的曹操，也囚献帝，杀伏皇后，报了前仇。小说家这种观念，明显是受了佛教的影响，所谓善有善报，恶有恶报，是教人不要做坏事，免得来世报应之意。可惜这样一来，又出现新的问题，变成曹操囚献帝、杀伏皇后并无过错；秦桧之妻王氏也无非为报前仇而已，于是被囚、被杀者不应呼冤叫屈了。有这个道理么？

可见所谓轮回报应云云，结果落得个自相矛盾，无法自圆其说。

## 车迟国和灭法国的背景

唐三藏来到车迟国，看见一群和尚正在做苦工，孙行者上前询问，才知道此国来了三个道士，“专会抟沙炼汞，打坐存神，指水为油，点石成金。如今兴盖三清宇观，对天地昼夜看经忏悔，祈君王万年不老，所以就把君心惑动”，大兴道教，说和尚无用，“拆了他的山门，毁了他的佛像，追了他的度牒”，和尚都派与道士做活，就当小厮一般。（见第四十四回）

这三个道士，便是虎力大仙、鹿力大仙和羊力大仙，颇有一些骗人的道术，也能呼风唤雨，烧丹炼汞。那车迟国王被他迷惑，居然兴道灭佛。后来孙悟空和三位大仙斗法得胜，才使国王觉悟。这是《西游记》第一次写到佛道二教之争。

后来，唐三藏脱离了无底洞白毛老鼠精之难，又来到灭法国。事前，他得到了警告：

> 那国王前生那世里结下冤仇，今世里无端造罪。二年前许下一个罗天大愿，要杀一万个和尚。这两年陆陆续续杀够了九千九百九十六个无名和尚，只要等四个有名的和尚，凑成一万，好做圆满哩！你们去若到城中，都是送命王菩萨。

见第八十四回）

于是孙行者又弄了神通，一夜之间，把皇帝、皇后、满朝文武都剃光了头，变成和尚，皇帝也就翻然觉悟。这是《西游记》又一次写到灭佛之事。

佛教自从东汉期间传入中国，已历二千年。这二千年间，佛教曾和儒家斗争，和道教斗争，和多神教斗争，经历过许多风波险阻，却终于站定了脚跟。但是，也有几次是处境非常险恶的，几乎遭遇灭顶之祸。这就是中国佛教史上所称的“三武事件”，又称“灭佛”事件。《西游记》虽然没有提到这些事件，却在唐僧经过车迟国和灭法国时，从侧面反映了这些历史。

## 一、第一次灭法

“三武事件”究竟是怎样的？读过《西游记》的朋友也许会发生兴趣，如今就来谈谈这几件“灭佛”大事。

第一“武”是北魏太武帝拓跋焘。北魏是东晋时崛起于内蒙古的少数民族国家，祖先是鲜卑族一个酋长，传至拓跋珪，东征西讨，建立了西起新疆东部、东至渤海、北抵外蒙古南部、南至淮河流域的政权，是为北魏。拓跋焘是拓跋珪孙子，他十六岁登上帝位，年少气盛，锐志武功，开头时，也敬重佛教，常引高僧议论。但是不久，道士寇谦之到了洛阳，宣扬“清静无为，入道成仙”的教理，大得拓跋焘的信任；加上朝廷大臣崔浩又归依道教，他二人诋毁佛教不遗余力，于是拓跋焘就转而信奉道教。

事情有那么凑巧，拓跋焘因征讨叛将盖吴，来到长安。长安佛法一向极盛，佛寺遍布城内外，寺的周围尽是和尚的田产。当时拓跋焘军马来到，御林军把战马放到麦田中吃麦。御林军官受到和尚的接待，入寺参观，忽然有人发现寺中密室，内藏许多弓箭刀枪之类武器，军官立即奏报皇帝。拓跋焘平时已厌恶佛法，知道此事，于是下决心毁灭佛法。

据《魏书·释老志》载：

先是，长安沙门种麦寺内，御驺牧马于麦中，帝入观马。沙门饮从官酒，从官入其便室，见大有弓矢矛盾，出以奏闻。帝怒曰：此非沙门所用，当与盖吴通谋，规害人耳。命有司案诛一寺，阅其财产，大得酿酒具，及州郡牧守富人所寄藏物，盖以万计。又为窟室，与贵室女私行淫乱。帝既忿沙门非法，（崔）浩时从行，因进其说。诏诛长安沙门，焚破佛像，敕留台下四方，令一依长安行事。又诏曰：彼沙门者，假西戎虚诞，妄生妖孽，非所以一齐政化，布淳德于天下也。自王公以下，有私养沙门者，皆送官曹，不得隐匿。限今年二月十五日，过期不出，沙门身死，容止者诛一门。

原来有些和尚贵族不但拥有田庄、奴仆，收存了大量财富，还营造密室，奸淫妇女，连官僚的妻女也成为他们淫乱对象。至于收藏武器，未必便想作乱，却正触犯了皇帝的大忌。不过这到底是少数不法之徒所为，而拓跋焘却诛连及于全部和尚。因此监国太子就上表劝谏，认为“今罢其道，杜诸寺门，世不修奉，土木丹青，自然毁灭”。不料更似火上加油，拓跋焘再下一道更严厉的诏命：

昔后汉荒君，信惑邪伪，妄假睡梦，事胡妖鬼，以乱天常，自古九州之中无此也……朕承天绪，属当穷运一弊，欲除伪定真，复羲农之治。其一切荡除胡神，灭其踪迹，庶无谢于风氏矣。自今以后，敢有事胡神及造形象泥人、铜人者，门诛（一门诛杀）……有司宣告征镇诸军、刺史，诸有佛图形象及胡经，尽皆击破焚烧，沙门无老少长悉坑之。

这就是说，一切佛经、佛像全数毁灭，所有和尚全都杀掉，一个不留。

幸而监国太子拓跋晃把诏书压下，并有意泄露内容，使得许多和尚闻风逃走藏匿，法器图籍也及时转移埋藏，保存了不少生命和文物。但是寺塔楼宇这些搬不动、移不去的东西，便全都遭到毁灭了。

由太平真君七年（446），至兴安元年（452），七年之间，是中国佛教史上第一次大劫难。拓跋焘死后，他的孙子拓跋濬继位（时拓跋晃先死），次年就解除禁令，慢慢佛教又在各地复苏了。

## 二、周武帝又一次灭法

此事过了才一百年，即北周武帝在位时期（560—578），又发生了第二次“灭佛”事件。

原来周武帝宇文邕，颇好儒术，对佛教抱着不信心理。当时还有道教也与佛教为敌。于是有个还俗和尚卫元嵩和道士张宾乘机向周武帝建议，认为国内寺观、僧人太多，影响社会生产，应予减省。宇文邕便召集儒佛道三教人士，讨论三教优劣问题，前后七次，各有是非，得不到结论。武帝于是又开第二次辩论会，讨论儒佛道应该谁先谁后，辩论结果，由武帝亲自决定，以儒教为先，道教为次，佛教为后。算是解决这场争论。但和尚和教徒并不屈服，于是有甄鸾作《笑道论》，道安作《二教论》，僧勔作《十八条难道章》，对道教大肆攻击。到了第二年，即公元574年，武帝再召集群臣，命道士张宾和沙门辩论，彼此互相攻击，各有理由，相持不下。卒于由武帝下令，佛道两教一并废斥，所有和尚、道士都勒令还俗，财物分给有功将士，寺观塔庙分给王公。僧道还俗的达二百余万人。到了577年，周武帝进攻北齐，攻占邺都，因北齐亦有大量佛寺，大批和尚，武帝又召集北齐和尚，宣布废省沙门的旨意，于是境内八州四万余所寺庙，全部改作宅第，僧徒近三百万人也勒令还俗，所有佛像、经幢一律焚毁，财物由官厅没收。由此整个中国北方，佛教几乎灭迹。这就是历史上第二个武帝灭佛。

## 三、第三次灭法是唐武宗

第三次灭佛的主持人是唐武宗（841—846）。真是凑巧，他也被人谥为“武”，好像灭佛就同时也武起来似的。

唐武宗李炎，是个笃信道教的人，当时道士中有个叫赵归真的，自称能炼金丹，服了就可以长生不老，尸解成仙。李炎信得十足，曾于三殿造九天道场，皇帝亲自向赵归真接受符箓，于是赵归真乘机向李炎建议消灭佛教，说佛教本不是中国之教，又不娶妻生子，使人断子绝孙、灭绝人性等等。李炎果然接受。据日本僧人圆仁《入唐求法巡礼行记》记载:

（会昌二年）十月九日，敕下：天下所有僧尼，解烧炼、咒术、禁气，背军、身上杖痕、鸟文、杂工功，曾犯淫、养妻，不修戒行者，并勒还俗。若僧尼有钱物、谷斗、田地、庄园，收纳官。如惜钱财，情愿还俗去，亦任勒还俗，充入两税徭役。

又敕下：令毁拆天下山房兰若、普通佛堂、义井村邑斋

唐武宗

堂等，未满二百间，不入寺额者。其僧尼等尽勒还俗，充入色役……长安城里坊内佛堂三百余所，佛像经楼等庄严如法，尽是名工所作，准敕并除罄尽。诸道天下佛堂院等，不知其数，天下尊胜石幢、僧墓塔等，有敕皆命毁拆。

这一回，是道教对佛教打击得最严重也最成功的一次，全国各地，到处拆佛寺，毁经幢，烧法物，驱逐僧尼，弄得"佛"反盈天。圆仁到了山东登州，写道：

州城去海一二里许，虽是边北，条流僧尼，毁拆寺舍，禁经毁像，收检寺物，共京城无异。况乃就佛上剥金，打碎铜铁佛，称其斤两。天下铜铁佛、金佛有何限数，准敕尽毁化尘物。

又描写还俗僧人惨象云：

唐国僧尼本来贫，天下僧尼尽令还俗，乍作俗形，无衣可着，无物可吃，艰穷至甚，冻饿不彻，便入乡村刻夺人物，触处甚多，州县捉获者，皆是还俗僧。因此，更条流已还俗僧尼，勘责更甚。

由此可见，处在下层的贫苦僧尼，已到了不做贼就饿死，而做贼同样要被杀的凄惨程度。

会昌五年（845）十一月，圆仁又写道：

三四年已来，天下州县准敕条流僧尼还俗已尽，又天下毁拆佛堂、兰若、寺舍已尽，又天下焚烧经像、僧服罄尽，又天下剥佛身上金已毕，天下打碎铜铁佛秤斤两收检讫，天下州县收纳寺家钱物庄园、收家人奴婢已讫。

唯黄河已北，镇、幽、魏、潞等四节度，元来敬重佛法，不拆寺舍，不条流僧尼，佛法之事，一切不动之。频有敕使勘罚，答云：天子自来毁拆焚烧，即可然矣，臣等不能作此事也。

从这里可见当日河北四镇的节度使不肯服从中央政令，反对灭佛的情形，他们并没有随同李炎一起大发疯狂。研究唐代藩镇历史的人，倒是不应该忽略这件事实的。

《西游记》写了车迟国僧道斗法的故事，后来又写了灭法国的故事，前者是道教势力膨胀引起灭佛，后者是皇帝自己主动要灭佛，都是有历史事件做背景的。尤其是唐武宗李炎的灭佛，是道士控制了皇帝思想的缘故，这和《西游记》中虎力大仙控制车迟国王何其相似。然而，不论北魏的太武帝也好，北周的武帝也好，唐代的武宗也好，生前尽力灭佛，一旦身死之后，佛教又重新壮大，依旧顽强健在。中国佛教史这种一波三折的情况，是很值得研究中国哲学史、宗教史乃至社会史的人认真思考的。

# 人参果与菩提树之重生

唐僧师徒四众，被黎山老母、观音菩萨，加上文殊、普贤，化成美女，试验禅心，结果是猪八戒大上其当，受到一番惩戒之后，四众便来到万寿山五庄观，也就是镇元子的宝庄。

这宝庄长着一棵宝树，名唤“草还丹”，又叫“人参果”，乃是三千年一开花，三千年一结果，三千年才成熟，“人若有缘，得那果子闻了一闻，就活三百六十岁，吃一个，就活四万七千年”。(《西游记》第廿四回)有这样独一无二的宝贝。不幸的是，孙行者偷吃仙果，还不打紧，一怒之下，竟把这棵宝树连根推倒，绝了灵根，闯下了弥天大祸……

这个故事着实有趣；但同样使人觉得有趣的，是当日玄奘到印度旅行时，也听到类似的故事。

当时印度有个摩揭陀国[①]，是古代印度十六大国之一。国中有座名山，名叫前正觉山，山的西南有一棵神奇的菩提树[②]，四周用砖石砌成城墙，环绕保护，内里种许多奇花异草，

① 摩揭陀国：印度古代十六大国之一。在公元前7世纪时已很强大，国都为王舍城，其国王频毘婆罗王是佛教的大保护者。

② 菩提树：又称卑钵罗树，系桑科常绿乔木，学名Ficus religiosa。菩提义译为“觉”，被佛教徒称为“圣树”。

建许多宝塔精舍，缤纷奇丽，是著名胜地。

原来这棵菩提树有不同寻常的经历。据说释迦牟尼在在世之时，此树高数百尺，佛祖就在树下成“等正觉”（一种修炼的成果）。它原名毕钵罗树，茎干黄白色，枝叶青翠，冬夏不凋。佛祖涅槃（寂灭）之后，此树受到特别的崇敬。四方国王，千万信徒，每逢佛祖涅槃之日，便纷纷前来，施乳供香，日夜灯烛辉煌，作为供养。如此过了多年。

不料到了无忧王[①]继位之时，他信了外道邪教的迷惑，竟然亲自带领军队，来到菩提树下，吩咐士兵把菩提树连根砍倒，茎干枝条，寸寸斩断，然后又叫士兵积聚成堆，由拜火教的婆罗门放火焚烧，祭祀火神。此时奇迹出现：就在烈火飞腾之时，火中忽然出现两棵菩提树，枝叶碧绿，苍翠异常，烟火便因此消灭，连灰烬都没有了。无忧王亲眼看到这一神奇景象，大为惊讶，不禁心生悔恨，使吩咐仆从，用香乳细细浇灌树根，到了次日，菩提树果然蓬勃生长，风姿如旧。于是无忧王更加敬畏，从此改礼佛祖了。

原来他的王妃也是崇奉外道的。她知道菩提树重生，心中不忿，便暗地吩咐手下仆人，等到半夜时分，前去再把菩提树砍倒。次日，有人发现，报告国王。国王大为惊疑，却

① 无忧王：即阿育王的意译。公元前273年即位。除印度半岛南端外，几乎统一印度全境。传说他皈依佛教后，在华氏城举行过第三次佛典结集，对佛教发展有很大影响。

又找不到砍树的暴徒，只得再到树前祈祷，重新浇上香乳。也真够奇怪，过了不久，那树又重新生长，依然茂盛。为了防止坏人损害，国王于是叫人在周围砌筑石墙，保护此树。

以后又过了几个世纪，印度又出现一个设赏迦王[①]，此人一向反对佛教。听说前正觉山有这么一棵菩提树，大为愤怒，就派人前来，把菩提树再一次连根掘倒，那树根下连泉水，火烧不到，他又叫人用甘蔗汁灌入土中，据说可使树根腐烂。

此时无忧王的国家已四分五裂，他的末代孙还据有一片土地，称为满胄王[②]。他听到这个不幸消息，极为悲叹。有人告他说，如用千牛之乳，浇灌此树，便可重生。于是满胄王收集了数千头牛的乳，再在树根处灌溉。说来又是神奇，到第二天，菩提树居然又长起来了。满胄王于是重又垒起石墙，把树严密保护起来。那围墙高达二丈四尺。当玄奘来到此地的时候，还看到菩提树的树梢，高出墙头二丈有多。他于是把这故事写进他的《大唐西域记》中。

《西游记》写宝树复生，是由观世音菩萨的神力；《大唐西域记》的菩提树复生，并没有提到观世音，乃是佛祖的

---

① 设赏迦王：设赏迦，义云“月”。公元6世纪末7世纪前期，他是位于今孟加拉国与印度西孟加拉邦地区的高达国国王。他对佛教是极端仇视的。

② 满胄王：无忧王死后，孔雀王朝便衰落，国土分裂。他的后代在摩揭陀地方还一直保持着藩王的地位。满胄王就是他们中最末一个。

灵应。这是不同之点。大抵《西游记》作者认为，救活一棵树，用不着佛祖亲自出马，观世音手中有净瓶甘露，单靠这个就可以了。但是两个故事之间，在显示佛的法力宏大方面，却是一样的。

《大唐西域记》记述了当年反佛的异教徒的残暴，这当然是真实的。而在《西游记》中，作者常常借用孙行者的形象，反映邪门外道对佛教的种种反对，虽非有意，也是一种暗合。我们对照这两个故事，便觉得孙行者这个形象，其实是渗透了“反佛”与“归佛”这种意识上的矛盾斗争的。

# 赤脚大仙原是人间皇帝

孙悟空把天宫大闹一番，弄得玉皇大帝十分头痛，只好封他为“齐天大圣”，其实是个虚名，神仙们对他也瞧不起。忽一日，王母娘娘举行蟠桃大会，到处发请帖，群仙都有份，偏偏漏了这位“齐天”的。说来又巧，孙悟空半路上碰见赴会的赤脚大仙，他向大仙扯了个谎，哄他转到通明殿去，自己却变成赤脚大仙的模样，大摇大摆直奔瑶池而去。

赤脚大仙之得名，自然由于他在衣冠楚楚、珠珮琳琅的众仙之中，独独光着一双脚板，显得与众不同。若在今日，是应归入“衣冠不整”之列，没有资格进入高级酒店的。不过光着脚又比穿鞋踏袜更为洒脱，更为方便，却也是事实。

赤脚大仙之名，自然不是首见于《西游记》，那又是什么时候出现的？说来也有趣。

宋王明清《挥麈后录》有一段记载说：宋真宗在位时，李宸妃还是一般的宫女，有一天，章献刘皇后要洗手，宸妃捧水上前，给真宗看见她那雪藕般的一双手，暗记在心，事后把她召来。那宸妃也真是灵巧过人，便乘机回奏：“昨晚妾梦见一位仙人，赤着双脚，从天而下，说是要做陛下的儿子。”也不知她真的做了这个梦，还是有意撒谎，真宗却十

宋仁宗

分高兴:“朕就为你圆了这梦吧。”当晚召幸了她,居然怀了孕。第二年居然诞育了皇子——这便是后来的仁宗。仁宗在孩童时,不喜欢穿鞋着袜,谁给他穿上他便马上甩掉,总是赤了双脚在宫殿里跑来跑去,因此宫里人都管他叫“赤脚大仙”。

小孩子不爱穿鞋着袜,不足为奇,不过这“真命天子”特别性情固执,劝也劝不来,别人只好由他,却便得了个“赤脚大仙”的名号罢了。

但宋仁宗这个故事不久就长出神话的翅膀来。清褚人获《坚瓠六集》记载这神话说:

宋真宗因为登位后未有儿子,心中焦急,常在宫中向天祷告，求赐一子。此举终于惊动玉帝。玉帝要赐真宗一个好儿子，便召群仙前来，开一次研讨会，问哪位仙家愿下凡一走。当时众仙全都默无一言，只有赤脚大仙微微一笑。这一笑便惹来烦恼，玉帝说他动了感情，派他下凡。所以李宸妃生的就是这个赤脚大仙。又据说他出生时，啼哭不止，宫中的医生和保姆全都没有办法。真宗只好叫人张贴榜文，征求能为太子止哭的能人。于是便有个道士揭榜应征。此人进入宫中，用手轻轻拍着太子，低声向他说："莫叫，莫叫，何似当初莫笑。"太子听了，便记起天上之事，登时止了啼哭。因他是赤脚大仙下凡，所以讨厌鞋袜云云。

此书还说，仁宗诞生之时，在李宸妃的床下忽然长出了四十二片灵芝。灵芝是仙草，又是宋真宗认为祥瑞之物。这四十二片就预示着仁宗做足四十二年的太平皇帝了。

刘皇后和李宸妃的事，后来又生出另一枝"奇花"来，演变成脍炙人口的"狸猫换太子"，在《包公案》中有着出色的描写。

道士劝止宋仁宗啼哭的事，到了清代吕熊的《女仙外史》，又添了一些枝叶。此书第一回说："（太子）诞生之后，号哭不止，御医无方可疗。忽宫门有一老道人，自言能治太子啼哭。真宗召令看视，道人抚摩太子之顶曰：'莫叫莫叫！何似当年莫笑。文有文曲，武有武曲，休哭！休哭！'太子就不啼哭。此道人乃是长庚星。说的文曲，是文彦博，武曲

济公

是狄青，皆辅佐仁宗致治之将相。”

还有《济公全传》也把此一故事盗去，说是济公初出生时，啼哭不止。有个性空和尚到来，摸那孩儿头顶说：“莫要笑，莫要笑，你的来历我知道。你来我去两抛开，省的大家胡倚靠。”那孩儿立时不哭了。原来济公是第四位罗汉托生，听了这两句佛偈，心下省悟云云。

这就叫作“信不信由你”了。

# 漫谈土地神的变迁

《西游记》里屡次出现山神和土地，全都是些可怜巴巴的人物。

每当孙行者或是找不着妖魔，或是不明白妖王的底细，或是烦恼的时候，往往就把山神、土地唤将出来，脱不了这两句:“都伸过孤拐来，每人先打两下，与老孙散散闷。”这些“毛神”照例是哀恳求情，才能脱身。还有，遇上法力强大的妖怪，山神、土地还得好好服侍，像莲花洞两个妖魔，就“念动真言，拘唤我等在地洞里，一日一个轮流当值哩！”（第三十三回）这一类的小神，恐怕正如专制社会的里正、甲长之类，头上压着几十层衙门招牌过日子的。

《西游记》的山神、土地只显过一次威风，那便是在乌鸡国，当孙行者叫太子假称出猎，其实是去会见母亲，又怕妖魔国王生疑时，吩咐山神、土地弄些獐狐獾鹿来，“那名神即着本处阴兵，刮一阵聚兽阴风，捉了些野鸡山雉，角鹿肥獐，狐獾狢兔，虎豹狼虫，共有百千余只，献与行者”。可怜他们的本领，就只有这么一点点。

山神另有专文，这里且说土地。

土地神原来是赫赫有威的。先秦时代，他叫社神，又称后土，乃是五土之神，能生万物。古人以古之有大功者，作为社神加以祭祀。“共工氏之霸九州也，其子曰后土，能平九州，故祀以为社。”一说是：“共工氏有子曰勾龙，为后土。”古代帝王都在京城立社稷之神，社神主土地，稷神主谷物。帝王要土地肥美，五谷丰登，所以必须设神位来致祭。一直到清代，都是这样。

不止京城有社稷之神，地方也有社稷之神。《宋史·礼志》说：“社稷自京师至州县，皆有其祀。岁以春秋二仲月（即农历二月和八月）及腊日祭太稷、太杜（在京城的），州县则春秋二祭。”仪式是很隆重的。例如明代，省府的社稷神就规定由布政司官亲自致祭。

但是不知什么时候，又出现了另外的土地神，他和社神却是两回事。

较早提到这土地神的，是南朝宋人刘义庆。他的《幽明录》有一段说：巴丘县有个巫师舒礼，于晋永昌元年病死。土地神把他灵魂送到太山去。由于世俗把巫师称为道人，当经过冥司福舍门前时，土地神问舍中官吏：“这是什么地方？”官吏答：“这是道人之舍。”于是土地神就把巫师交给官吏……

这个土地神的地位很低，就同押解犯人的差役差不多，显然不是社神了。

五代孙光宪《北梦琐言》又记载一则神话说，彭城刘山甫的外祖父李敬彝，官任郎中之职。他家住在洛阳的毓财坊，坊中的土地神最为灵验，李家的家人张行周，对神虔诚拜祭，不止一日。有天夜里，张梦见土地神向他要吃的东西，张便设食拜祭。过了几天，城中忽发大水，那水冲到土地庙前，便向后退却，李宅得以安然无恙。事情虽属神怪，但可见五代时的土地庙是建在民居的附近。

又明人沈榜写的《宛署杂记》说："土地庙，一在鸣玉坊，嘉靖卅一年霍太监建。一在金城坊，一在阜财坊。"清人《燕京岁时记》说："土地庙在宣武门外土地庙斜街路西，自正月起，初三、十三、二十三日有庙市。市无长物，惟花厂、鸽市差为可观。"又据《日下旧闻考》："土地庙，其基甚古，有前明万历四十三年碑，称曰古迹老君堂都土地庙。辽、金时，庙在都城东之外，今莫得其方向矣。"从这几段记载，也可知这些土地神和社神完全不同。他们恐怕是由民间自己特制出来的。因为社稷之神是属于官方的，森严尊贵得很，老百姓很难亲近。所以还是自己另立一尊为好。但又正因为他是属于老百姓的东西，地位自然十分卑微，比小鬼高不了多少，官员们当然不会隆重地去致祭，老百姓也乐得老爷们不来光顾。于是有些土地庙门前的空地，便又变成摆卖杂货的地摊，或者成为"庙会"了。

翟灏《通俗编》引《剪胜野闻》，谈到一则有趣的故事。据说明太祖朱元璋在南京时，有一回扮成老百姓的模样，同一个监生到城里某酒家喝酒，不料座上客人全满，连半张桌子的空位都没有。明太祖四面一找，只有那供奉土地爷爷的角落，有一张桌子闲着。他就走上前去，不客气地把桌上的土地牌位挪到地下，说："土地老儿让一让！"便坐下来同监生对席喝酒。满堂的人见了，全都愕然。后来老百姓才知道，这个胆大不法的汉子原来是当今皇上。从此以后，南京城里的老百姓都把土地神从桌上移下，放在地面来供奉了。此事真假如何，虽不可知，但在许多城乡人家，至今还有把家中土地神放在桌子底下的，可见此事也有一定的根据。

## 形形色色的山神

《水浒传》第十回写林冲发配到沧州，看管城外的草料场，因大雪压倒了房子，只好投向古庙栖身。这古庙却是座山神庙，“殿上塑着一尊金甲山神，两边一个判官，一个小鬼，侧边堆着一堆纸，团团看来，又没邻舍，又无庙主。”宋代州城的山神庙，这恐怕是最可怜的，不过这位山神还身穿金甲，左右还有判官、小鬼。到了吴承恩写《西游记》的时候，那些山神却全都变成可怜巴巴的家伙了，有些给妖魔禁治着，当奴仆驱使，有些得不到香火，弄得鞋破衣穿，狼狈不堪，加上孙大圣烦恼的时候，就把这些可怜虫唤将出来，发泄一顿脾气，照例，那些山神也任凭呼喝斥责，一副战战兢兢的模样。可见山神这种神灵，越到后来，便地位越低，连妖魔鬼怪也瞧不起他了。

但这些都是小地头的山神，既无皇家封诰，也没害人的本事，受到冷落，自然不足为奇，若是大山大岳的山神，便不同这个模样。

## 一、最古山神是人兽的组合

山神原是最古老的神灵，从人类进入狩猎时代，他便出现。试想那鸿蒙未辟的原始山林，无处不藏毒蛇猛兽，无地不有害人怪物，加上千种毛虫，万般花草，望不尽的荒林野树，爬不完的巨壑深沟，何况山呼水啸，云雾杳冥，神秘奇幻，不可思议，若非有神灵主宰，教原始人如何相信。

所以从那时开始，人类就要膜拜山神，要他赐福，求他庇佑，既上香，又奉礼，虔诚得很。

当时人们想象中的山神，全不是正常人的样子，而是人兽、人禽、人蛇、人怪组合而成的怪物。试看先秦古籍《山海经》描写的山神形状何其稀奇古怪：

凡鹊山之首，自招摇之山至箕尾之山，凡十山二千九百五十里。其神状皆鸟身而龙首。

凡南次二经之首，自拒山至于漆吴之山，凡十七山七千二百里。其神状皆龙身而鸟首。

凡南次三经之首，自天虞之山以至南禺之山，凡十四山六千五百三十里。其神皆龙身而人面。

槐江之山，实惟帝之平圃，神英招司之，其状马身而人面，虎文而鸟翼。

可以不必多抄了，总之，有种种不同的山，便有种种不同的山神。他们全是些组合体，而且有种种不同的组合。假如说，现代的组合式玩具常把人和猛兽组成一个混合体，以显示其超人的神力，也算是一种玩具的创新的话，这种创新，早在三四千年前咱们的祖先就有，还相当的丰富多彩哩！

不过，组合式的山神是远古先民头脑中幻想出来的东西，随后社会逐步进化，人们觉得拿这些怪物作为守山的神灵，向他膜拜，未免自己脸上不光彩。于是山神逐步“人化”起来，身份地位也比从前提高了。《周礼》有这样的记载：

天子祭天下名山大川，五岳视（等于）三公，四渎视诸侯，诸侯祭名山大川在其地者。

这就是说，一级的大山归天子祭祀，一级的江河也归天子祭祀；诸侯只能祭本国所在的名山大川。既然山川都分了等级，最高的由天子来祭祀，山神的地位便一下子提高，居然很威风了。

## 二、东岳——最威风的山神

在历代山神中，最威风的要算东岳泰山之神了。很久以前就成为顶尖一级的山神，秦始皇虽然削平六国，武功第一，

东岳大帝

也不能不纡尊降贵，亲自登山向他祭拜，祭拜不了，还刻石立碑作为纪念，连山上一棵松树，因为下雨时曾遮荫过皇帝，也荣封为“五大夫”。其后二世也祠祭泰山，照样仪式隆重。汉武帝更是几次上泰山，又封又祭。因为泰山接近东海，而东海据说有蓬莱、方丈、瀛洲三仙山，都是神仙居住的地方，先封祭了泰山之神，再向海上求神仙，是顺理成章的次序。正如《史记·封禅书》所说：“天子既已封泰山，无风雨灾，而方士更言蓬莱诸神若将可得，于是上欣然庶几遇之，乃复东至海上望，冀遇蓬莱焉。”泰山的祭祀，乃是求仙的第一步，难怪那些“既登皇位想为神”的最高一人，对泰山之神寄予极大期望了。

以后的事也无须多说，无非是又祭又封，山神地位也越升越高。唐玄宗封泰山神为天齐王，宋真宗加封为青帝广生帝君，明成祖再封之为天齐仁圣帝。山神跨进了最最崇高的地位。

我们自然不应漏掉五岳中的其他四岳。他们同样是一级山神。杜佑《通典》记载，“唐玄宗开元十三年，封东岳为天齐王，南岳为司天王，西岳为金天王，北岳为安天王，中岳为中天王，礼秩加三公一等”。

又帝又王，硬加在山神的头上，一片乌烟瘴气。只有明太祖朱元璋比较清醒，他登位以后，便下令废除前代的封号，只称东岳泰山之神、南岳衡山之神、中岳嵩山之神、西岳华山之神、北岳恒山之神。这确是直截了当，很有农民的朴素精神。

皇帝既然封山灵为神，道士们自然得其所哉，他们不失时机地大肆活动，霸占地盘，接受祭肉和香火钱，为了这个，还制造了许多神话。《月令广义》引《道藏》中一段话说：

五岳之神，分掌世间人物，各有攸属，如泰山乃天帝之孙，群灵之府，为五岳祖，主掌人间生死、贵贱、修短（按，即寿命长短）。衡岳主掌星象分野、水族鱼龙。嵩岳主掌土地山川，牛羊食啖。华岳主掌金银铜铁，飞走蠢动。恒岳主掌江河淮济，四足负荷（按，牛马骡之类）等事。

泰山神这一来可厉害了！他是掌握着老百姓的穷通寿夭生死的，谁个不怕，谁个不崇敬。所以二千年来，朝拜泰岳之神的人，多得把泰山踏平了几尺。直到如今，泰山仍然是最煊赫的，其热闹程度远出于其他四岳之上，正是这个道理。

《封神演义》是影响很大的一部小说，此书叙述姜太公封神时，有这样一节：

封黄飞虎为东岳泰山天齐仁圣大帝，总管天地人间吉凶祸福，执掌幽冥地府一十八重地狱，凡一应生死转化人神仙鬼，俱从东岳勘封，方可施行。

东岳之神竟然是武王伐纣时阵亡的黄飞虎，到底有何根据，是何来历？笔者读的书少，无从得知。不过，上面这段叙述，已是把佛道两教的内容搅混在一起，所谓十八层地狱，所谓生死转化，都是佛教的东西。由此可知此种说法的出现，与佛道思想的融合是有关的。

同黄飞虎之说对立的，是相传汉代东方朔撰的《神异经》。此书说，盘古皇的后代叫玄英氏，玄英氏的儿子叫金轮王，他的妻子弥轮夫人夜梦口吞两个太阳，遂生二子，一名金蝉氏，一名金虹氏，金蝉氏后称东华帝君，金虹氏即东岳大帝。这种说法，是同民间的黄飞虎之说对立的。反正都是一派胡言，我们看了只觉得有趣，毋须认真对待的。

## 三、淫秽的山神——西岳

《古今图书集成·博物汇编·神异典》第廿四卷:《西岳华山之神部外编》引《逸史》《纪闻》《广异记》等书，记载华山岳庙出现几件怪事，都是说岳神淫人妻女，或掠取人家妻室，是个淫秽的山神。

《逸史》云：有李主簿新婚，过华岳，与妻入庙谒金天王（按，唐玄宗先天二年，封华岳神为金天王），其妻拜神时，气绝而死，心尚有微暖。李生到华阴县求医，县令教他去请华仙师，仙师遂书符数道，声如霹雳。良久，其妻遂活。问之，妻言:“初拜时，金天王曰：好夫人。第二拜时，曰：留取。便遣左右扶归院。已三日，亲宾大集，忽赤龙飞入，正扼王喉，王始下令放还。”

《纪闻》云：桃林令韩光祚携家上任，路经华山庙，下车进谒，甫入门而爱妾暴死。令巫卜之，巫云:“华山三郎爱汝妾，今且令其生还，五日后当再取去。”妾遂活。韩下山至县，密令人以黄金铸观世音像。五日后，妾又暴卒，半日方活，云:“适华山府君备车骑见迎。出门，有金色僧人拦阻，车不得过。神曰：且放还，再三日来迎。”韩又以千钱使人绘菩萨像，如期，妾又死，有顷复苏，云：“适又见迎，未及登车，见二僧在，神又令放还，云再三日来迎。”韩又以千钱令金工更造像，工出县，见一猪将就烹，乃以钱赎之。妾又死，未几又苏，云已免矣。详诘之，乃云：“适又见车骑来迎，二僧守吾门，不得入。忽见大猪如马，冲其来迎车骑尽坏，神遂传言，更勿取之。于是散去。”

《广异记》云：景云中，河南县李某妻王氏有美色，忽一日，妻见数人御车自空而下，云是华山府君来迎。李自外归，其妻已死。李恸哭绝而复苏数回。忽有人叩门，谓能活夫人。李迎入，其人书黑符飞之，未有异；又书一赤符飞之，须臾，妻遂复苏。自言：“初至华山，王甚悦，欢宴饮乐，方申缱绻，忽一人乘黑云来，云：太乙令唤王夫人，华山神不应；有顷，又一人乘赤云来，大怒曰：太乙君问华山何以辄敢取生人妇，不还，当获严谴。神惧，遂令人送至家。”

又载：赵郡李湜，开元中谒华岳庙，过三夫人院，忽见神女，悉是生人，邀入宝帐中，备极欢洽，三夫人迭与结欢，临行谓曰：“每年七月七日至十二日，岳神当上计于天，至时相迎，无宜辞让。”自后七年间，每至此日，李即奄奄气尽，三日方醒。后有术士书符令佩之，相见即不能相近。其小夫人姓萧，恩义特深，诫湜云：“三年勿言，言之非独损君，亦当损我。”自此遂不复见。

险峻的华山

又载：开元初，有三卫（按，禁军之类）自京还青州，至华岳庙前，见一婢来白云："娘子欲见。"因引前行，见一妇人，年十六七，容色惨悴，曰："我非人，乃华岳第三新妇。夫婿极暴，家在北海，三年无书信，故欲托三卫为致书。"三卫因代致书于其家，乃一王者，阅书大怒，即令派兵西伐华山。至月，华山大风折木，雷火喧腾，久之方罢，及明，遍山焦黑。

又载：华州进士王勋，尝与其徒赵望舒游华岳庙，入第三女座，悦其倩巧而蛊之，即时便死。赵大惧，呼神巫祷于神前，久之，王复苏，怒云："何故令神巫呼我？"细问之，自言："女初藏己于车中，适缱绻，被望舒弹琵琶告王，王令搜诸婢车中，诸女既不得已，被推落地，因尔遂活矣。"

还有一个故事，是说邓州崔司法携妻到华岳庙，妻忽暴亡。适遇士子仇嘉福，仇亦曾到岳庙而妻猝死，因异人遂得救。因同情其遭遇，为叩请异人，营救崔妻。异人书符九道，令崔烧之。先烧三符，未效，再烧六符，其妻遂活。问妻，答云："初入庙时，忽见云母车来，健卒环绕，云是岳王相迎。仓卒随去。王喜，方欲结欢，忽有三人来问：何以夺生人妻？王谓乃天配为己妻，非横取之。须臾，后有神五六人，持金杵至中庭，岳神惶惧乞命，因得放还。"

以上几段都是原文的节录，其主要情节大致如此。

有几点值得注意：首先是故事都发生在唐代。唐代以长安为西京；洛阳为东京，华山横居其中，适在两京交通大道之旁，游人之多，神庙香火之盛，可以想见。而当时风俗，妇女入庙，本无禁忌。

其次是故事都牵涉到华山大神金天王。不是他本人淫掠民间妇女，便是他的属下妇女淫掠男子。可谓秽行昭彰。

五岳的神话故事很多，独是西岳神有这许多秽事，为其他岳神所未见。

故事里的妇女，不是突然失踪，而是突然死亡，与传说中某些寺院的淫僧淫道掠取妇女的情况又是不同，带有更大的神怪色彩。

我们不相信真有鬼神，更不相信会掠劫别人的魂魄作为淫乐对象。因此这种传说可谓十分怪异，难以理解，研究社会学和宗教史的专家们，如能从唐代社会宗教的特殊情况加以解释，那将是一件快意的事。

# 河伯娶妇与龙母招夫

中国古代有个“河伯娶妇”的故事，《史记》把它放在《滑稽列传》里，认为是一件滑稽可笑的事。因此也就家喻户晓，无人不知了。

古代住在大河边上或海边的人，震于江河和大海的威力，都会幻想出一个神灵来。“河伯娶妇”不过是较为多人知道的故事之一。至于那位西门豹先生，也实在够得上“幽默大师”的资格。他虽然不相信那河神每年都要娶一个妻子——要那么多妻子干什么，不怕她们争风吃醋，天天打架吗？但是用大道理去说服迷信的人，恐怕未必奏效；何况县里的三老（大绅士）和廷掾（地方官）每年都从中捞取一大笔钱，谁肯听你的劝告。你便是拿几个人去治罪，也不济事。西门豹因此不动声色，反而装出高兴参加的样子。到了那天，他一看那河伯要娶的新娘子，就说她长得丑陋，要媒人公、媒人婆进入河神宫中报告，请求延缓时间，另选美女。真是出人意料而又合情合理，谁敢说西门豹做得不对呢！

也正是由于这位西门县令的惊人举动，再加上《史记》替他大力宣扬，从此以后，把活人丢进河里，却假说什么“娶妇”的鬼话，便再也没有听说了。他确实起了极大的阻吓作用。当然，在极偏僻和文化落后的地方，用活人作牺牲之类，也并未完全绝迹。这世界到底是十分复杂的。

世上无独有偶的事情也真多。古代中原有“河伯娶妇”，古代西域，便有“龙母招夫”。真是一东一西，相映成趣。

唐玄奘的《大唐西域记》卷十二记载了一个瞿萨旦那国，据近人考证，便是唐代西域的和阗国（今新疆维吾尔自治区的和阗是从前该国的一部分）。玄奘说，这个国家周围四千余里，多是沙漠，宜耕种，多瓜果，出产玉石，人民性情温和，能歌善舞，崇奉佛法，有佛寺百余所，僧徒五千多人。

故事发生在王城东南。那地方原有一条大河（考据家说就是现在的玉珑哈什河，发源于昆仑山脉那雅堪山口），农民一向利用河水灌田。不料近年以来，河流逐渐浅涸，无法耕种。国王大为担忧，便叩问大罗汉僧：“这是什么缘故？”罗汉僧说：“大王治国，政化清和，并非天降祸灾。河水断流，乃是龙神作怪。”国王便备办丰厚礼物，亲率群臣，前去祭告龙神。一行人来到河边，叩头礼拜，请求龙神大发慈悲。正在此时，忽见一个盛装打扮的女人，从河中涌出，向国王开言道：“我是此河之神，近因我夫主死去，无人指挥水族，以此河水渐少，致使耕稼失利。我今请求大王，为我在国中选一贵臣，作我丈夫，主持龙宫，自然河水恢复通畅。”国王听了，答道：“敬从尊命，但不知龙母欢喜是哪一位？”那龙母轻抬妙目，流盼移时，便指着国王身边的亲从大臣道：

龙女牧羊

“这位大臣，正合我意。”说罢，忽然隐去。国王回到宫中，对群臣道：“大臣乃国家重镇，农业是人民命脉。国家失镇则危，人民绝食则死。事属两难，不知众卿有何良策？”群臣听罢，一个个目视大臣，待他发表意见。那大臣却早已心中有数，上前跪下奏道：“微臣谬膺重任，常思报国，但恨未得其便。如今承龙母垂爱，玉音颁赐，正是微臣报效之机。何况此举使万民有利，国家得福，何惜微臣一身。臣愿应征为龙母夫婿。只求修建佛寺一座，为臣修福。”

国王听罢，龙颜大喜，立即下令，为大臣建筑佛寺一所。大臣又请求早入龙宫。于是全国臣民，择了吉日，张灯结彩，鼓乐喧天，盛筵为大臣送行。这位大臣穿起白袍，骑匹白马，与国王告别。只见他策马直向河中走去，那河水自然平伏，衣鞋不湿，再走到河中，用鞭一划，河水豁地分开，于是就潜身不见了。

过了不久，只见那匹白马重新浮出水面，背上架着一面大鼓，还有一封书函。国王叫人取来一看，信中说：“愿大王多营福德，勿以微臣为念。呈上大鼓一面，请悬挂在城的东南，如有贼寇侵犯，此鼓自然响震，得以早作防备。”

据说自此以后，河水恢复如常，人民大获其利。近年，考古家在和阗姚头冈东南找到一个湖泊，附近有个大土堆，据说便是从前悬挂龙鼓的地点云。

西域的龙母招夫故事，由于唐代与西域交通频繁，又由于《大唐西域记》的流传，自然不能不影响到中国的传奇小说。唐人李朝威的《柳毅传》，亦即后来戏剧中的《柳毅传书》，便是其中之一。不过《柳毅传》的情节比西域的龙母招夫要丰富得多，人物塑造也生动可爱得多。柳毅虽是落第书生，又是义烈男儿，受龙女委托，深入龙宫寄书，使洞庭君和钱塘君大受感动，既已索回龙女，还要把她嫁给柳毅。柳毅不肯以利害义，毅然辞去。后来龙女变化为卢家女子，嫁了柳毅，夫妻和好，过了四十年，终于回洞庭湖做水神去了。这个故事，远胜于龙母招夫，因而也长久流传不衰。近人汪辟疆校此篇云：“柳毅事盛传于时，唐末复有本此文而作《灵应传》；

洞庭湖

元尚仲贤更演之为《柳毅传书》剧本；翻案而为《张生煮海》，李好古亦有《张生煮海》。明黄说仲又有《龙箫记》；勾吴梅花墅又有《橘浦记》。皆推原此文而益为傅会者也。”可见柳毅故事影响之大。但我认为，作者李朝威很可能是受到西域龙母故事的启发，因为玄奘的《大唐西域记》早已写成，并且流布人间，僧徒、居士都是熟习的。或者柳毅的故事先在民间流传，再由李朝威加工创作，亦有可能。但故事的原型，带有龙母招夫的影象，则是无可置疑的。

# 附录　关于"小说轩"的几句闲话

我常觉得，不管是在学的还是自学的青少年，假如他对中国古典文学、古代文化有兴趣的话，一定也会对中国的古典小说感兴趣。因为从六朝志怪、唐宋传奇直到明清小说，上下一千五百年间，无数文人都曾在这方面洒下过他的心血，也因而积累了巨大的文化财富。在这里面，涉及的内容是非常广泛的，反映的社会情态是非常复杂的，故事的情节千奇百怪，运用的语言文字多姿多采；从那里面，可以看到不同时代不同的思想形态、感情内容、风俗习惯、社会心理、宗教信仰……生动而又具体。假如说，正史和通史只能画出球体的经线和纬线，那么，小说就是球体的本身。难怪恩格斯高度赞扬巴尔扎克的《人间喜剧》，说："在这个中心图画的四周，他安置了法国社会的全部历史，从这个历史里，甚至在经济的细节上，我所学到的东西也比从当时所有专门历史家、经济学家和统计学家的全部著作合拢起来所学到的还要多。"

我也很欣赏金圣叹这段话："吾犹自记十一岁读《水浒》后，便有于书无所不窥之势……嗟乎！人生十岁，耳目渐吐，如日在东，光明发挥。如此书，吾即欲禁汝不见，亦岂可得？

今知不可相禁，而反出其旧所批释，脱然授之于手也，夫固以为《水浒》之文精严，读之即得读一切书之法也。汝真能善得此法，而明年经业既毕，便以之遍读天下之书，其易果如破竹也……”

我同样欣赏晚清孙宝瑄《忘山庐日记》里面的这段话：“燕公谓：小儿教之读书通文，自有捷径。自言其女十岁时，尚不识字，十一岁起课以《十三经集字》，日识四十字，兼为解字义，半年已能自阅《三国演义》（说部最佳书），即为讲《左传》，使读，不令背诵，甫读完，能成数百言。嗣为解《国语》及《史记菁华录》，三书讫，能自览御批《通鉴》。可知中国文理得善法教之，更不难。”

随手举这三例，都是经验之谈。可见不管是了解社会，还是要进入文艺殿堂，小说这个阶梯都是非常重要的。

中国向有评点小说这一门。其源盖起于评点古人诗文以及时文，进而泛滥及于小说。此风以明末清初最盛，后颇衰落，虽余风不断，而佳构颇鲜。自金圣叹以后，毛宗岗尚可一观；至于《红楼梦》的脂批，仅可作探幽索隐的材料，护花主人之流，便已俗不可耐；冯镇峦、但明伦也批《聊斋》，能发人神智者亦极少；还有一些道士、居士，以《西游记》为“证道之书”，他们的批语更是近于胡闹。可见评点小说，虽曰“小道”，也大有“才难”之叹。近数十年，考证小说之学崛兴，胡适之、郑振铎、孙楷第、阿英诸公，各有擅长，已脱离评点，而继乾嘉诸老之后开一新的门径，是另外一门学问了。至于就一本小说作思想性、艺术性评论的，自王国维《红楼梦评论》以来，长篇短章，琳琅满目，但也不属于评点。这门学问，说深不深，说浅不浅，如今还没有一个“金圣叹二世”出现，不禁使人有“江山寂寥”之感。

然而，除了评点、考证、评论，似乎还可以有第四种形式，即所谓“漫话式”的。二十世纪四十年代，由孟超撰文、张光宇插图的《水泊梁山英雄谱》，是这一方面的力作。其好处就在于“漫”。“漫”也者，似不经心而实经心，似非着力而又着力，似谐而庄，笑中有泪，“正经学问”外又一独立王国也。画之有“漫”，话之有“漫”，诗之有“打油”，乐曲之有“狂想”，戏剧之有“插科打诨”，武术之有“猴拳”“醉拳”，凡此种种，无不是的。若著述之“漫”，则又纵横开阖，无格可循。换言之，古典小说的漫话，既非金圣叹式的评点，而又具有评点的趣味；绝非胡适之式的考证，而又带上考证的深度；不同于王国维式的评论，而又处处显出评论的力量。按人物之头颅而制帽，视事件之是非而予夺，有《春秋》之微言，无腐儒之胶柱，浅者自见其浅，而深者则见其深。至于文字形式，则更不拘一格，谓之小品也可，谓之“野狐禅”亦可，或如师友晤对，或似书札往来，平凡之中，偶有警语，闲扯之际，忽现闪光：此便是所谓“漫话”。一千五百年间，中国出现的小说多矣，但是，对其漫而谈之的著作，却似凤毛麟角，少而又少。如今中华书局香港分局出版部的主编，忽发宏愿，有“中国古典小说漫话”的拟题，而美其名曰“小说轩”，我想这是一件大好事。论其形式与内容，实在不妨称之为“小说的小说”，盖“小说”者，异于正史者也；这里的后一个“小说”，则又异于评点、考据、评论者也。因其为“小”，可以易于涉趣，也易于入目；因其为“小”，亦可避免“正襟危坐”，作出“纯儒”的姿态。这也是小有小的好处。说到有无价值，本也难说，但它若对青少年的读书求知有启迪之用，对成人来说，有增广见闻之功，只这两项，就足见其并非毫无价值了。至于在将来的小说界，是不是于评点、考证、评论之外，更能立一新的部目，如一张桌子之有四条腿呢？我们何妨拭目而俟之。

这算是一点闲话而已。

刘逸生

写于羊城的寓庐

一九八六年十二月十六日

## 知·趣丛书

名士派:世说新语的世界　　徐大军　著
从“山贼”到“水寇”:水浒传的前世今生　　侯　会　著
梦断灵山:妙语读西游　　苗怀明　著
探骊:从写情回目解味红楼梦　　刘上生　著
所思不远:清代诗词家生平品述　　李让眉　著
梨园识小录　　陈义敏　著
志怪于常:山海经博物漫笔　　刘朝飞　著
儒林外史人物论　　陈美林　著
沈周六记　　汤志波　秦晓磊　主编
史记八讲　　史杰鹏　著
敦煌的民俗与文化　　谭蝉雪　著　李芬林　编
拾画记　　任淡如　著
神魔国探奇　　刘逸生　著
明人范:生活的艺术　　袁灿兴　著
寻幽殊未歇:从古典诗文到现代学人　　杨　君　著
沈周别考　　陈正宏　著
海物惟错　　周　苗　著
猫奴图传　　刘朝飞　著
闲话孽海花　　周锡䪖　著

本书图片一部分来自于刘逸生《神魔国探奇》第一版，另外一部分感谢王强、王骏、伍海雄、夏静等先生提供。